DE CAPÃO REDONDO A PINHEIROS
TRAJETOS PERCORRIDOS PELA INFÂNCIA

Editora Appris Ltda.
1.ª Edição - Copyright© 2024 do autor
Direitos de Edição Reservados à Editora Appris Ltda.

Nenhuma parte desta obra poderá ser utilizada indevidamente, sem estar de acordo com a Lei nº 9.610/98. Se incorreções forem encontradas, serão de exclusiva responsabilidade de seus organizadores. Foi realizado o Depósito Legal na Fundação Biblioteca Nacional, de acordo com as Leis nᵒˢ 10.994, de 14/12/2004, e 12.192, de 14/01/2010.

Catalogação na Fonte
Elaborado por: Dayanne Leal Souza
Bibliotecária CRB 9/2162

C287c	Carmo, Itamar Moreira do
	    De Capão Redondo a Pinheiros: trajetos percorridos pela infância /
	Itamar Moreira do Carmo. – 1. ed. – Curitiba: Appris, 2024.
	    163 p. : il. color. ; 23 cm. – (Coleção Ciências Sociais - Seção Serviço Social).
	
	    Inclui referências.
	    ISBN 978-65-250-6878-7
	
	    1. Trabalho infantil. 2. Intersetorialidade. 3. Dispositivos preventivos e protetivos. I. Carmo, Itamar Moreira do. II. Título. III. Série.
	
	                                                               CDD – 323.3

Livro de acordo com a normalização técnica da ABNT

Appris
editora

Editora e Livraria Appris Ltda.
Av. Manoel Ribas, 2265 – Mercês
Curitiba/PR – CEP: 80810-002
Tel. (41) 3156 - 4731
www.editoraappris.com.br

Printed in Brazil
Impresso no Brasil

Itamar Moreira do Carmo

DE CAPÃO REDONDO A PINHEIROS
TRAJETOS PERCORRIDOS PELA INFÂNCIA

Appris
editora

Curitiba, PR
2024

FICHA TÉCNICA

EDITORIAL	Augusto Coelho Sara C. de Andrade Coelho

COMITÊ EDITORIAL

Ana El Achkar (Universo/RJ)
Andréa Barbosa Gouveia (UFPR)
Antonio Evangelista de Souza Netto (PUC-SP)
Belinda Cunha (UFPB)
Délton Winter de Carvalho (FMP)
Edson da Silva (UFVJM)
Eliete Correia dos Santos (UEPB)
Erineu Foerste (Ufes)
Fabiano Santos (UERJ-IESP)
Francinete Fernandes de Sousa (UEPB)
Francisco Carlos Duarte (PUCPR)
Francisco de Assis (Fiam-Faam-SP-Brasil)
Gláucia Figueiredo (UNIPAMPA/ UDELAR)
Jacques de Lima Ferreira (UNOESC)
Jean Carlos Gonçalves (UFPR)
José Wálter Nunes (UnB)
Junia de Vilhena (PUC-RIO)

Lucas Mesquita (UNILA)
Márcia Gonçalves (Unitau)
Maria Aparecida Barbosa (USP)
Maria Margarida de Andrade (Umack)
Marilda A. Behrens (PUCPR)
Marília Andrade Torales Campos (UFPR)
Marli Caetano
Patrícia L. Torres (PUCPR)
Paula Costa Mosca Macedo (UNIFESP)
Ramon Blanco (UNILA)
Roberta Ecleide Kelly (NEPE)
Roque Ismael da Costa Güllich (UFFS)
Sergio Gomes (UFRJ)
Tiago Gagliano Pinto Alberto (PUCPR)
Toni Reis (UP)
Valdomiro de Oliveira (UFPR)

SUPERVISORA EDITORIAL	Renata C. Lopes
ASSESSORIA EDITORIAL	Bruna Holmen
REVISÃO	Viviane Maria Maffessoni
PRODUÇÃO EDITORIAL	Sabrina Costa
DIAGRAMAÇÃO	Andrezza Libel
CAPA	Mateus Porfírio
REVISÃO DE PROVA	Sabrina Costa

COMITÊ CIENTÍFICO DA COLEÇÃO CIÊNCIAS SOCIAIS

DIREÇÃO CIENTÍFICA Fabiano Santos (UERJ-IESP)

CONSULTORES

Alícia Ferreira Gonçalves (UFPB)
Artur Perrusi (UFPB)
Carlos Xavier de Azevedo Netto (UFPB)
Charles Pessanha (UFRJ)
Flávio Munhoz Sofiati (UFG)
Elisandro Pires Frigo (UFPR-Palotina)
Gabriel Augusto Miranda Setti (UnB)
Helcimara de Souza Telles (UFMG)
Iraneide Soares da Silva (UFC-UFPI)
João Feres Junior (Uerj)

Jordão Horta Nunes (UFG)
José Henrique Artigas de Godoy (UFPB)
Josilene Pinheiro Mariz (UFCG)
Leticia Andrade (UEMS)
Luiz Gonzaga Teixeira (USP)
Marcelo Almeida Peloggio (UFC)
Maurício Novaes Souza (IF Sudeste-MG)
Michelle Sato Frigo (UFPR-Palotina)
Revalino Freitas (UFG)
Simone Wolff (UEL)

Dedico esta publicação a todas as famílias que lutaram contra a fome sem inserir seus próprios filhos na situação do trabalho infantil; às famílias monoparentais, principalmente àquelas constituídas por mães solteiras, separadas, divorciadas, viúvas e que com muito sacrifício criaram seus próprios filhos sozinhas.

Dedico a minha mãe, que em vários momentos soube ser pai quando mais precisei, acompanhou minhas dores, meus sofrimentos, minhas angústias e foi também uma grande amiga.

À minha orientadora, Prof.ª Dr.ª Rosangela Dias Oliveira da Paz, que não mediu esforços, em feriados, nos finais de semana, sempre de mãos dadas até a finalização deste trabalho.

AGRADECIMENTOS

Esta publicação é mais um aprofundamento dos estudos realizados ainda na graduação em Pedagogia, e não deixa de ser sobre as inquietações proporcionadas pela pobreza, pela fome e pela dominação capitalista, expressa como carreto nas feiras livres, enquanto cotidiano expressivo quando era criança e adolescente no trabalho infantil.

Agradeço à Prof.ª Dr.ª Rosangela Dias Oliveira da Paz, minha orientadora, à Prof.ª Dr.ª Eunice Teresinha Favero e à Prof.ª Dr.ª Alessandra Medeiros, do Centro Universitário Assunção, que foram titulares na composição de minha banca de defesa de dissertação de mestrado em Serviço Social na PUC-SP. Não poderia deixar de agradecer também às suplentes, Prof.ª Dr.ª Sandra Eloisa Paulino e Prof.ª Dr.ª Maria Lucia Martinelli.

Agradeço primeiramente a toda minha família – minha mãe, Iraci, por sempre acreditar nas possibilidades de meu crescimento, minha irmã, Rita de Cassia, meus irmãos Márcio e Alessandro – e aos meus colegas de trabalho.

Agradeço à turma de que tive a honra de participar, denominada "Terceirão", que acolheu a todos, motivando e dando forças em todos os momentos difíceis que juntos passamos.

Agradeço aos professores doutores Maria Lucia Rodrigues, Maria Carmelita Yazbek, Aldaíza Sposati, Carola Carvajal Arregui, Rodrigo Diniz e Dirce Koga, que não está entre nós, mas prevalece viva em nossos corações.

Agradeço aos professores e pesquisadores dos núcleos de pesquisa, por compartilharem a produção de conhecimento: Núcleo de Estudos e Pesquisas sobre Movimentos Sociais (Nemos) – (PUC-SP); Núcleo de Estudos e Pesquisas sobre Crianças e Adolescentes (NCA); Núcleo de Estudos e Pesquisas sobre Seguridade e Assistência Social (Nepsas) e Núcleo de Estudos e Pesquisas sobre Ensino e Questões Metodológicas em Serviço Social (Nemess).

Agradeço a Maria Edjane Alves de Lacerda, Priscila Santos Morais, Claudinei José e Débora Miranda Nunes pelas contribuições que resultaram no importante processo e na publicação desta obra.

Agradeço as contribuições proporcionadas por meu amigo Valdenilson José de Melo.

À Coordenação de Aperfeiçoamento de Pessoal de Nível Superior (Capes), pelo apoio na realização deste trabalho.

Enfim, agradeço aos atendimentos realizados pelo Serviço de Assistência Social à Família e Proteção Social Básica no Domicílio (Sasf) e pelo Serviço Especializado de Abordagem Social (Seas), pelo atendimento protetivo ofertado às crianças e adolescentes.

Se tem muita pressão
Não desenvolve a semente
É a mesma coisa com a gente
Que é pra ser gentil
Como flor é pra florir
Mas sem água, Sol e tempo
Que botão vai se abrir?
É muito triste, muito cedo
É muito covarde
Cortar infâncias pela metade
Pra ser um adulto, sem tumulto, não existe atalho
Em resumo
Crianças não têm trabalho não, não
Crianças não têm trabalho, não
Não ao trabalho infantil

"Sementes" (Emicida part. Drik Barbosa, 2020)

PREFÁCIO

Trajetos, trajetórias, rebeldia e resistência

> *A infância é uma forma de se relacionar com o tempo: para invertê-lo e se tornar mais jovem com seu passar e para se relacionar com o futuro como algo sempre aberto, como algo que não nos faz.*
> *(Paulo Freire, 2000, p. 31)*

O livro *De Capão Redondo a Pinheiros: trajetos percorridos pela infância* nos apresenta o autor e sua trajetória de lutas e resistências na cidade de São Paulo.

Itamar Moreira cresceu na zona sul da cidade, filho mais velho de uma mulher nordestina e trabalhadora doméstica, e ajudou a cuidar dos seus quatro irmãos nas tarefas cotidianas. A pobreza e a fome o levaram a trabalhar de carreteiro nas feiras livres e a separar alimentos descartados. Os estudos foram realizados com determinação, utilizando na infância as folhas de embrulhar o pão, até concluir o curso de graduação em Pedagogia e o mestrado em Serviço Social.

Morar no distrito de Jardim Ângela, localizado no extremo sul da cidade de São Paulo, conviver com a violência urbana e as precárias condições de vida, tornou Itamar resistente e determinado a atuar nas expressões da questão social, em particular aquelas do campo da infância e adolescência e em situação de rua.

Assim, o trabalho de Itamar não é de um pesquisador distante de seu tema, pelo contrário, é de alguém que "sentiu e sente na pele" o sofrimento da fome, da pobreza, do abandono das políticas públicas, que lutou e luta pela sobrevivência e pelo direito à vida com dignidade.

O livro, fruto de sua dissertação de mestrado, revela um pesquisador comprometido com os direitos humanos e com a busca de construção de alternativas de políticas públicas para crianças e adolescentes, em uma perspectiva preventiva do trabalho infantil, que pressupõe a intersetorialidade e diversas políticas públicas.

O trabalho é inovador ao revelar as conexões em duas regiões da cidade de São Paulo, distantes geograficamente, mas tão perto do ponto de vista da gravidade da realidade de crianças e adolescentes que perambulam pelas ruas na busca de algum recurso para a sobrevivência de suas famílias. Capão Redondo e o Distrito de Pinheiros refletem duas faces de um mesmo espelho da desigualdade estrutural da formação sócio-histórica brasileira, escravocrata, racista, machista e autoritária. A invisibilidade das condições de vida de crianças e adolescentes nas ruas de Pinheiros e suas origens no Capão Redondo ganham luzes, visibilidade na obra de Itamar.

As legislações no campo dos direitos, nos âmbitos internacionais, nacional e municipais são conquistas sociais e avanços importantes, que balizam as intervenções públicas e privadas. A Constituição Brasileira de 1988, o Estatuto da Criança e do Adolescente (1990), o Sistema de Garantia de Direitos (2006) e as instâncias de controle social são instrumentos fundamentais para a proteção e defesa de crianças e adolescentes e convocam Estado, famílias e sociedade civil para ações integrais e integradas.

Nossas legislações reconhecem que crianças e adolescentes são sujeitos de direito, mas é necessário perceber que são também marcados pela classe, gênero, raça, etnia, e pelos territórios em que vivem, sofrem pela fala de acesso, oportunidades, descaso, discriminação e abandono.

Nesta obra, a perspectiva intersetorial é compreendida como a chave relevante na prevenção do trabalho infantil, para o enfrentamento da desproteção social e a violação de direitos, como estratégia que possibilita construir novas respostas das políticas públicas. Historicamente, as políticas públicas no Brasil foram marcadas pela setorização, fragmentação, dispersão e sobreposição, e estruturadas para funcionarem isoladamente. Os processos de articulação entre políticas públicas pressupõem que ações complementares e intersetoriais entre serviços são fundamentais para produzir alteração na qualidade de vida, respondendo, de forma mais ampla e integral, à multidimensionalidade da pobreza, mas para isso é necessário o esforço de planejamento institucional entre os diferentes órgão envolvidos, uma exigência de mudança na cultura organizacional do Estado brasileiro.

A trajetória de Itamar Moreira e as ideias defendidas em seu trabalho nos lembram, a todo momento, de Paulo Freire (2014, p. 199), quando ele nos diz, "A minha rebeldia contra toda espécie de discriminação, da mais explícita e gritante à mais sub-reptícia e hipócrita, não menos ofensiva e imoral, me acompanha desde minha infância".

Esse livro é uma grande contribuição para aqueles que se rebelam e lutam pela defesa de direitos e por melhores condições de vida para crianças, adolescentes e para a juventude brasileira.

Dr.ª Rosangela Dias Oliveira da Paz
Assistente social, professora do Programa de Pós-Graduação em Serviço Social/PUC-SP

Referências

FREIRE, P. **Pedagogia da Esperança**: um reencontro com a pedagogia do oprimido. 21. ed. São Paulo: Paz e Terra, 2014.

FREIRE, P. **Pedagogia da indignação**. Cartas Pedagógicas e outros escritos. São Paulo: Unesp, 2000.

LISTA DE ABREVEATURA E SIGLAS

AFT	Auditor Fiscal do Trabalho
AMA	Assistência Médica Ambulatorial
AME	Ambulatório Médico de Especialidades
APG	Associação de Pós-Graduandos
ATP	Atividade Programada
CA	Centro de Acolhida
CCA	Centra para Crianças e Adolescentes
Caei	Centro de Acolhida Especial para Idosos
CF	Constituição Federal
CJ	Centro para Juventude
Capes	Coordenação de Aperfeiçoamento de Pessoal de Nível Superior
CAPS	Centro de Atenção Psicossocial
CEAS	Centro de Estudos de Ação Social
CEI	Centro de Educação Infantil
Cedeca	Centro de Defesa dos Direitos da Criança e do Adolescente
CGB	Coordenadoria de Gestão de Benefícios
CLT	Consolidação das Leis Trabalhistas
CMDCA	Conselho Municipal dos Direitos da Criança e do Adolescente
CNAS	Conselho Nacional de Assistência Social
Conanda	Conselho Nacional dos Direitos da Criança e do Adolescente
CNR	Consultório na Rua
Condeca	Conselho Estadual dos Direitos da Criança e do Adolescente

Comas	Conselho Municipal de Assistência Social
Conaet	Comissão Nacional de Erradicação do Trabalho Infantil
Cras	Centro de Referência de Assistência Social
Creas	Centro de Referência Especializado de Assistência Social
Centro POP	Centro de Referência Especializado para População em Situação de Rua
CPTM	Companhia Paulista Transporte Metropolitano
CT	Conselho Tutelar
ECA	Estatuto da Criança e do Adolescente
Esab	Escola Superior Aberta do Brasil
EE	Escola Estadual
Emei	Escola Municipal de Ensino Infantil
Emef	Escola Municipal de Ensino Fundamental
EMEFM	Escola Municipal de Educação Fundamental e Médio
FAS	Fórum de Assistência Social
Fipe	Fundação Instituto de Pesquisas Econômicas
FGV	Fundação Getúlio Vargas
FNPETI	Fórum Nacional Erradicação e Prevenção do Trabalho Infantil
Funabem	Fundação Nacional do Bem-Estar do Menor
GDF	Governo do Distrito Federal
IBGE	Instituto Brasileiro de Geografa Estatística
ILPI	Instituição de Longa Permanência
LA	Liberdade Assistida
LDB	Lei de Diretrizes e Bases
Loas	Lei Orgânica de Assistência Social

MBA	Master in Business Administration
MDS	Ministério de Desenvolvimento Social
NCI	Núcleo de Convivência para Idosos
NOB	Norma Operacional Básica
NPJ	Núcleo de Proteção Jurídico Social e Apoio Psicológico
OMS	Organização Mundial da Saúde
OIT	Organização Internacional do Trabalho
ONU	Organização das Nações Unidas
OSC	Organização da Sociedade Civil
Paif	Serviço de Proteção e Atendimento Integral às Famílias
Paefi	Serviço de Proteção e Atendimento Especializado a Famílias e Indivíduos
Peti	Programa de Erradicação do Trabalho Infantil
Plas	Plano de Assistência Social
Piap	Projeto de Impacto para Administração Pública
PSB	Proteção Social Básica
PSC	Prestação de Serviços à Comunidade
PSE	Proteção Social Especial
PSR	Presença Social nas Ruas
PNAD	Pesquisa Nacional de Amostragem de Domicílios
PUC	Pontifícia Universidade Católica
Saica	Serviço de Acolhimento Institucional
SGD	Sistema de Garantia de Direitos
SGDA	Sistema de Garantia de Direitos da Criança e do Adolescente
Sasf	Serviço de Assistência Social à Família e Proteção Social Básica no Domicílio

SCFV	Serviço de Convivência e Fortalecimento de Vínculos Familiares
Seas	Serviço Especializado de Abordagem Social
SMADS	Secretaria Municipal de Assistência Social
SNDCA	Secretaria Nacional dos Direitos da Criança e do Adolescente
Sinase	Sistema Nacional de Atendimento Socioeducativo
SUS	Sistema Único de Saúde
SUAS	Sistema Único de Assistência Social
TCC	Trabalho de Conclusão de Curso
TCLE	Termo de Consentimento Livre e Esclarecido
TST	Tribunal Superior do Trabalho
UBS	Unidade Básica de Saúde
Unicef	Fundo nas Nações Unidas para Infância
UNIP	Universidade Paulista
Unesco	Organização das Nações Unidas para a Educação, a Ciência e a Cultura
UTI	Unidade de Tratamento Intensivo

SUMÁRIO

INTRODUÇÃO..21
    Objetivos específicos... 29
    Metodologia 30

1
TRABALHO INFANTIL: DISPOSITIVOS PROTETIVOS E PREVENTIVOS E A POLÍTICA DE ASSISTÊNCIA SOCIAL..................................... 35
    1.1 Trabalho Infantil, produção e reprodução 35
    1.2 Legislações e marcos institucionais: internacionais e brasileiros............... 38
    1.3 Afinal, o que é trabalho infantil?................................ 40
    1.4 Dispositivos protetivos e preventivos e o trabalho infantil.................... 59
    1.5 A política de assistência social e o enfrentamento ao trabalho infantil........ 64

2
TRABALHO INFANTIL E POLÍTICA DE ASSISTÊNCIA SOCIAL NA CIDADE DE SÃO PAULO... 67
    2.1 Trabalho Infantil na Cidade de São Paulo 70
    2.2 Política de assistência social na cidade de São Paulo......................... 74
    2.3 Trabalho infantil na região de Pinheiros e seus desdobramentos.............. 94

3
RESULTADOS DA PESQUISA: A INTERSETORIALIDADE E O ENFRENTAMENTO DO TRABALHO INFANTIL.......................... 111
    3.1 Intersetorialidade nas políticas sociais........................ 112
    3.2 Política Municipal de Atenção Integral às Crianças e Adolescentes........... 115
    3.3 Resultados da pesquisa: enfrentamento do trabalho infantil nos territórios de Pinheiros e Capão Redondo...119

4
CONSIDERAÇÕES FINAIS...141

POSFÁCIO 145

REFERÊNCIAS... 147

INTRODUÇÃO

A presente obra tem como objetivo analisar o trabalho infantil e os dispositivos de prevenção e proteção social a partir das experiências dos atendimentos realizados pelo Serviço Especializado de Abordagem Social (Seas), no distrito de Pinheiros/SP, e o trabalho com famílias realizado pelo Serviço de Assistência Social à Família e Proteção Social Básica no Domicílio (Sasf), na comunidade de origem de crianças e adolescentes. Faz-se necessário ser trabalhada a questão social em torno da intersetorialidade, enquanto dispositivo de prevenção, sendo evidente seu caráter inovador.

O interesse pelo tema está nas marcas de um caminho percorrido no cotidiano de uma trajetória histórica do pesquisador, filho de retirante nordestina e trabalhadora doméstica, a qual buscou, com muita luta, criar e educar seus quatro filhos, o que já havia acontecido com ela também, pois teve que cuidar dos irmãos, por ser primogênita, além de ter que acordar muito cedo para capinar, plantar e colher.

Na infância, enquanto primogênito, isto se reproduz, pois tinha de cuidar dos irmãos para a matriarca levar alimentos para casa. Quando pequeno, tinha como tarefa além de cuidar, também dar banho, pentear os cabelos, esquentar os alimentos deixados prontos na geladeira, para alimentá-los e levá-los à escola.

E foi assim, uma adolescência marcada por muitas necessidades, e, além da pobreza e da fome, obrigou-nos, juntamente com vizinhos e irmãos, a exercer a função de carreteiro nas feiras livres, na perspectiva de levar restos de alimentos que geralmente eram descartados ao final da feira; o dinheiro do carreto servia para comprar o café da manhã. Assim, poder levar alimentos e o café da manhã para casa era uma conquista e motivo de muito orgulho. Afinal, não estávamos "roubando", sendo esta uma narrativa naturalizada e reproduzida na atualidade.

Nada foi fácil, a educação foi conquistada com muita luta; as folhas de papel manteiga utilizadas para embrulhar o pão, serviam também de caderno.

> Pesadelo, hum, é um elogio
> Pra quem vive na guerra, a paz nunca existiu
> No clima quente, a minha gente suafrio
> Vi um pretinho, seu caderno era um fuzil, fuzil.
> (Racionais MC's, 2002)

Quanto à realização da atividade de carreto, que materializa a produção do trabalho, também motivou a responsabilidade como adulto, chefe de família que cumpria, enquanto tarefa, uma perspectiva de minimizar a fome.

> O processo "migratório" altera a divisão de trabalho no interior da unidade familiar. Os filhos, tão logo atingem dezoito anos, passam a experimentar a condição de trabalhadores livres, potenciais vendedores de força de trabalho no mercado. Como população sobrante, engrossam o movimento migratório, vivendo a insegurança do trabalho e a falta deste. Assim, o deslocamento para fora da unidade de trabalho familiar transfere a responsabilidade [...]. (Iamamoto, 2011, p. 177)

Trajetória marcada por essas dificuldades, por vezes, nos tornaram adultos, sem sermos, e nos aproximaram desse campo de estudos. Esta responsabilização adulta foi um dos motivos que muito contribuiu para a perda da infância e da adolescência e que causou inquietações, que o pesquisador carrega consigo.

> A adultização na contemporaneidade desconfigura o sentimento de infância advindo com a Modernidade e faz aparecer uma nova infância, a infância adultizada, aquele que necessita ser autônoma, independente, empreendedora, consciente, madura, capaz, proativa, eficaz, eficiente, necessitando, para tal, de aprender a fazer como os adultos fazem, a sentir como os adultos sentem, a pensar como os adultos pensam e assim, de vez, garantirem que a civilização contemporânea – consumista, utilitarista, assente no capitalismo neoliberal – não esteja ameaçada. (Ferreira; Ferreira; Melo, 2021, p. 215)

A atuação na política de assistência social, sobretudo na rede de serviços que atende pessoas em situação de rua, também elevou o desejo pela compreensão dessa manifestação da "questão social[1]", em especial, com a intenção de investigar formas de prevenção ao trabalho infantil. Desde então, a busca por resposta sobre a temática é incessante na área de Serviço Social e no cotidiano.

---

[1] Conceito: É considerada a matéria prima do Serviço Social (Iamamoto, 2001) e se apresenta no cotidiano da vida social sob a forma de múltiplas expressões, todas decorrentes da exploração do trabalho pelo capital, e, portanto, consideradas objeto de investigação e intervenção profissional do assistente social.

DE CAPÃO REDONDO A PINHEIROS: TRAJETOS PERCORRIDOS PELA INFÂNCIA

Na década de 90 do século XX, a violência começa a dar passos largos no distrito de Jardim Ângela, localizado no extremo sul da cidade de São Paulo – SP, local de moradia deste pesquisador. Com isso, foi necessário buscar "os lugares de fala" que Ribeiro (2019, p. 85) afirma: "entendemos que todas as pessoas possuem lugares de fala, pois estamos falando de localização social", porque trazia para estes espaços o que podia demonstrar de sua trajetória de convívio com a violência, com o tráfico de drogas, com o genocídio, com o desemprego e com a extrema pobreza do distrito, considerado pelo discurso do mundo, como o mais violento, narrativa que estigmatizou a população.

> O drama da cadeia e favela
> Túmulo, sangue, sirene, choros e velas
> Passageiro do Brasil, São Paulo, agonia
> Que sobrevivem em meio às honras e covardias. [...]
> Periferias, vielas, cortiços
> Você deve tá pensando
> O que você tem a ver com isso?
> (Racionais MC's, 2002)

Um estigma que rotulou todo território, enquanto marginal, impossibilitando a população de se inserir no mercado de trabalho formal, cancelando, invisibilizando-a em diversos lugares da sociedade, portanto, ser pobre, preto e periférico, distanciava-os da universidade e de outros importantes espaços.

É com essa trajetória e vivência pessoal que mergulho na militância, no exercício profissional e na necessidade e vontade de estudar e pesquisar sobre a temática. Este assunto foi tema do Trabalho de Conclusão de Curso (TCC) na Universidade Paulista (Unip), instituição em que cursava Licenciatura em Pedagogia. A escolha do mestrado em Serviço Social deve-se também ao conhecimento na execução de Serviços da Política de Assistência Social nas Organizações da Sociedade Civil (OSC), em especial, o Seas.

Na cidade de São Paulo, pode-se observar que, até o ano de 2006, a abordagem realizada às pessoas em "situação de e na rua"[2], nos pontos de concentração de crianças e adolescentes, foi se organizando enquanto política pública, sendo denominada por "Projeto Acolher"[3] De 2006 em diante passou a integrar o carro chefe da Secretaria Municipal de Assistência

---

[2] Conceito será visto posteriormente

[3] Nome dado ao projeto que realizava a abordagem às pessoas em situação de e na rua

e Desenvolvimento Social (Smads), sendo denominada por Presença Social nas Ruas (PSR). Em 2009 foi intitulado por Atenção Urbana, por poucos meses, até o Conselho Nacional de Assistência Social (CNAS) realizar a classificação como Serviço Especializado de Abordagem Social (Seas) pela Resolução n.º 109/2009, que tipifica os serviços socioassistenciais no Brasil.

O Seas é composto por um gerente de serviço que é responsável pela gestão, pelo trabalho administrativo e a operacionalização, bem como acompanhar diariamente o preenchimento das fichas de atendimento, realizar a vigilância nas ruas, juntamente com equipes técnicas, na perspectiva de desenvolver estratégias e metas que favoreçam a saída das pessoas em situação de rua e sua reinserção comunitária, e, também, estabelecer contato com as redes formais e informais[4], para possibilitar mais proximidade com o serviço.

A equipe técnica é multidisciplinar, geralmente composta por psicólogo/a, assistente social e/ou pedagogo/a, fazendo-se presente nas ruas, mantendo contato contínuo com os/as orientadores socioeducativos, fornecendo apoio e orientação. Também orienta na efetivação dos encaminhamentos e na formulação de relatórios e acompanhamento dos casos. Dois funcionários administrativos exercem a função de manter o banco de dados atualizado e o sistema informatizado, e orientadores socioeducativos realizam diretamente os atendimentos nas ruas, acompanhando e encaminhando a demanda, conforme procedimentos técnicos dados pela equipe, há também um operacional encarregado por manter os ambientes limpos e em condições de acessibilidade.

O pesquisador participou do acompanhamento, da normatização e implantação destes serviços em diversas regiões, portanto, para o estudo, é importante trazer os aspectos da trajetória do cotidiano, o trabalho social realizado, dinâmico e contínuo, a partir da oferta da escuta qualificada, do diálogo, das relações de vínculo de confiança, que trazem das ruas e das narrativas desta população atendida.

A situação de rua é evidenciada por uma população permeada pela desigualdade social e vivendo um apartamento das relações familiares, quando da rua faz seu espaço de sobrevivência e pernoite. Já a população na rua é constituída por pessoas que fazem das ruas seu espaço de sobrevivência, mendicância e que transitam saindo de suas comunidades, geralmente marcadas pela pobreza, e tomam as ruas na perspectiva de complementar os baixos salários e minimizar a fome.

---

[4] Redes informais – Serviços executados por Organizações não conveniadas

Desde então, o cotidiano de trabalho é permeado por ações voltadas a esta população que, pela extrema pobreza, carrega diversificadas atividades que apresentam riscos à vida de crianças e adolescentes: trabalho que expõe a abuso físico, psicológico e/ou sexual, trabalhos subterrâneos, debaixo d´água, em alturas perigosas ou em espaços confinados e insalubres, ao uso abusivo de substâncias psicoativas, ao ato infracional, dentre outros.

A motivação em trabalhar a referida situação está evidenciada quando a prática cotidiana apresenta possibilidades de estudar essas manifestações e suas múltiplas complexidades.

O trabalho com este público permite a construção e desconstrução do caminho metodológico que tem como perspectiva a obtenção de conhecimento que vai além da institucionalização e/ou acolhimento: está na escuta mais qualificada, no conhecimento das especificidades e na construção de projeto de vida que favoreça o exercício de cidadania e a garantia de seus direitos assegurados constitucionalmente.

A busca foi contínua nas Organizações da Sociedade Civil (OSC), movimentos populares, igrejas e coletivos por "espaços de luta" que pudessem não só minimizar a sofrida trajetória como, também, poder lutar por melhores condições em um território marcado, apontado e estereotipado pela violência.

O trabalho infantil de crianças e adolescentes na rua merece atenção, pois utilizam as ruas enquanto meio de sobrevivência, subsistência para garantirem e sanarem a fome. Uma das expressões da situação do trabalho infantil é o modo de produção e reprodução social determinado pelas desigualdades, pela imposição do Estado e pelo sistema capitalista.

É a partir dessas questões que as crianças e adolescentes saem de suas comunidades periféricas (lugares marcados pela extrema pobreza) para complementarem a renda familiar e sobreviver.

Por mais zil anos
Enquanto os homens exercem seus podres poderes
Índios e padres e bichas, negros e mulheres
E adolescentes fazem um carnaval
Queria querer cantar afinado com eles
Silenciar em respeito ao seu transe num êxtase
Ser indecente, mas tudo é muito mau
Ou então cada paisano e cada capataz
Com a sua burrice fará jorrar sangue demais
Nos pantanais, nas cidades, caatingas e nos Gerais

> Será que apenas os hermetismos pascoais
> Os tons, os mil tons, seus sons e seus dons geniais
> Nos salvam, nos salvarão dessas trevas e nada mais.
> (Caetano Veloso, 1984)

Na história da humanidade, crianças e adolescentes foram escravizadas por muitos anos, nos trabalhos forçados em fábricas e indústrias em todo mundo, com o valor da mão de obra muito inferior à adulta, no qual o Estado continua omisso e conivente.

> A produção é orientada para o lucro, não para o uso. Nada garante que todos aqueles indivíduos capazes e desejosos de trabalhar terão sempre condições de encontrar emprego. Visto que os desempregados e os trabalhadores mal pagos não proporcionam um amplo mercado consumidor, a produção de bens de consumo fica restrita, o que acarreta graves conseqüências. (Einstein, 1979 *apud* Silveira, 1979, p. 17)

Muitos estudos já foram realizados visando a compreensão do cenário social de desigualdade, que motiva famílias a colocarem seus filhos nessa condição. No entanto, pouco se tem produzido sobre as formas de prevenção a essa situação, sendo essa a proposta de pesquisa, que estuda o trabalho infantil.

Por trabalho infantil entende-se todo tipo de trabalho executado por crianças e adolescentes proibidos pelo Estatuto da Criança e do Adolescente (ECA/1990) em seu artigo 60. Após a Emenda Constitucional n.º 20/1998, ficou estabelecida a proibição de trabalho noturno, perigoso ou insalubre a menores de 18 anos e de qualquer trabalho a menores de 16 anos, salvo na condição de aprendiz, a partir dos 14 anos. Portanto, de acordo com a Constituição Federal de 1998 (CF/88) e a Consolidação das Leis Trabalhistas (CLT), art. 403, é proibido o trabalho a menores de 16 anos, salvo na condição de aprendiz, a partir dos 14 anos. O art. 7º do ECA afirma: "A criança e o adolescente têm direito à proteção, à vida, e à saúde, mediante efetivação de políticas sociais públicas que permitam o nascimento e o desenvolvimento sadio e harmonioso, em condições dignas de existência" (Brasil, 1990).

Somente após a Constituição Brasileira de 1988, crianças e adolescentes passaram a ter um Sistema de Garantia de Direitos (SGD). Em 1990 é implementado o Estatuto da Criança e do Adolescente na perspectiva de proteger e de garantir seus direitos fundamentais. Antes, porém, as crianças e adolescentes não eram sujeitos de direitos. Dezesseis anos após a criação do ECA, em 2006, surge o Sistema de Garantia de Direitos da Criança e do Adolescente (SGDCA) com intuito de assegurar e fortalecer a implementação do ECA, marco legal dos direitos fundamentais da infância e adolescência. A importância do SGDCA é evidente, pois é a partir deste sistema que o Conselho Nacional dos Direitos da Criança e do Adolescente – Condeca, por meio da Resolução n.º 113, consolida a criação de diversos órgãos de defesa de integração e articulação entre Estado, famílias e sociedade civil.

Dezessete anos após o surgimento do Sistema de Garantia de Direitos das Crianças e Adolescentes (SGDCA), essa situação ainda é inquietante e exige do poder público respostas eficientes para a mudança deste cenário.

Segundo Soares (1995), autor de *Meninos da Rua, Pivetes da Lua* que menciona pesquisa do Governo do Distrito Federal – GDF, realizada em meados de 1995, mostrou cerca de 5 mil crianças e adolescentes dormindo nas ruas em São Paulo e 2 mil passando parte do tempo na rua.

Dados da Pesquisa Nacional por Amostra de Domicílios – Pnad – Contínua 2016, do IBGE, revelam que "o trabalho infantil atinge cerca de 2,4 milhões de pessoas entre 5 e 17 anos no Brasil".

No mundo, segundo a Organização Internacional do Trabalho – OIT, "estima que 152 milhões de crianças foram submetidas a trabalho infantil no mesmo ano de 2016, sendo 64 milhões do gênero feminino e 88 milhões do masculino".

É de conhecimento que o trabalho infantil proporciona elevados índices de evasão escolar, perda da infância, diversos problemas de saúde física e mental, provocadas, principalmente, pela grande exposição às condições climáticas, esforço físico, exposição às drogas, aos aliciadores, aos exploradores, além do afastamento da vida comunitária e familiar. É um aglomerado de inúmeros problemas que eleva a injustiça social e a violação de direitos. Face ao exposto, é a partir desse norte que a pesquisa será realizada.

Nesta perspectiva a intersetorialidade será analisada enquanto categoria relevante na prevenção do trabalho infantil, minimizando a injustiça social, a violação de direitos e a (des)proteção social. Sposati (2006, p. 140) vê a intersetorialidade não só como um campo de aprendizagem dos agentes institucionais, mas também como caminho ou processo estruturador da construção de novas respostas, novas demandas para cada uma das políticas públicas. Koga (2003, p. 242) complementa que "a intersetorialidade se torna, assim, uma qualidade necessária ao processo de intervenção".

O período pandêmico de Covid-19, com início em março de 2020, intensificou o crescimento do trabalho por meio da uberização. Foi marcado também por normas que determinavam o isolamento social paralelamente com avassalador crescimento de empresas que realizavam entregas (*delivery*), em domicílio, tornando visível o aumento do trabalho infantil, evidenciados por adolescentes nas entregas de alimentos prontos, medicamentos e ademais como diz Antunes:

> Em 2019, uma massa - em constante expansão – de mais de cinco milhões de trabalhadores e trabalhadoras experimentava as condições de uberização do trabalho em aplicativos e plataformas digitais, algo, até recentemente, saudado como parte do maravilhoso mundo do trabalho digital, com suas "novas modalidades" de trabalho on-line, recepcionando seus novos "empreendedores". (Antunes, 2022, p. 16)

Esse período pandêmico impactou na sociabilidade humana, trazendo consequências econômicas, sociais e políticas para todo o mundo. O Brasil viveu sob um descaso político, que comparou um vírus letal, que causou a morte de 699.634 pessoas, sendo 37,14 milhões de casos confirmados, segundo dados do Ministério da Saúde[5], "a uma gripezinha". Pandemia que fez com que todos se isolassem, enquanto sociedade, na perspectiva de manterem-se vivos.

Como trabalhador, o medo de levar o vírus para casa e contaminar mãe, irmãos e sobrinhos foi impactante. Foi uma mistura de sensações como ansiedade, depressão, impotência, angústias e incapacidade, visto que houve perdas de vizinhos e de colegas de trabalho.

Como distanciamento social na pandemia Covid-19, houve o fechamento das escolas públicas, o crescimento da pobreza, da fome e, consequentemente, o índice de crianças em situação de trabalho infantil aumentou na capital paulista. Segundo portal da Unicef, "A incidência do trabalho infantil era de 17,5 mil antes da pandemia, e passou a 21,2 mil; a pesquisa verificou mais de 52 mil famílias e enfatiza crescimento de 26% em São Paulo durante a pandemia".

---

[5] Dados publicados e atualizados em 17 mar. 2023. Cf.: MINISTÉRIO da Saúde. Painel Coronavírus. Disponível em: https://covid.saude.gov.br/. Acesso em: 20 mar. 2023

Segundo Sposati (2020, p. 9), "a pandemia da Covid-19 está mostrando mundialmente, e às vistas largas, que o direito de respirar é universal e democrático e, o direito à vida humana é maior do que o direito à propriedade".

A pandemia de Covid-19 impactou nas diversificadas atividades realizadas por adolescentes por meio de aplicativos, utilizando bicicletas para a realização de entregas nos domicílios, onde a manutenção do distanciamento fez crescer a demanda dessas entregas em domicílio.

> Uberização do trabalho, distintos modos de ser da informalidade, precarização ilimitada, desemprego estrutural exacerbado, trabalhos intermitentes em proliferação, acidentes, assédios, mortes e suicídios: eis o mundo do trabalho que se expande e se desenvolve na era informacional, das plataformas digitais e dos aplicativos. (Antunes, 2022, p. 20)

Nesse contexto nosso objeto de estudo é o trabalho infantil no distrito de Pinheiros na cidade de São Paulo e reflexões sobre as possibilidades da intersetorialidade na perspectiva preventiva. Apontamos como pergunta norteadora desta pesquisa: De que modo a intersetorialidade pode contribuir para a redução do trabalho infantil?

Partimos do pressuposto que tanto o trabalho intersetorial, como a ação em rede, são fundamentais para uma ação efetiva de redução do índice do trabalho infantil.

Nossos objetivos são:

Objetivo geral: analisar o trabalho infantil no distrito de Pinheiros na cidade de São Paulo e os dispositivos de prevenção e proteção social.

Objetivos específicos

- Contextualizar o trabalho infantil na cidade de São Paulo;
- Analisar a perspectiva da intersetorialidade na redução do trabalho infantil;
- Compreender as políticas ou os dispositivos protetivos e de proteção social às crianças e adolescentes em situação de trabalho;
- Pontuar as ações das Organizações da Sociedade Civil – OSC, dirigidas ao trabalho infantil.

Metodologia

Esta pesquisa se desenvolveu em uma perspectiva crítica, utilizando-se das abordagens de natureza qualitativa, combinando a pesquisa bibliográfica, documental e pesquisa empírica com sujeitos predefinidos.

A pesquisa qualitativa é compreendida com saberes multidisciplinares na qual a dimensão coletiva e os diferentes saberes se entrelaçam de forma qualitativa, conforme Martinelli (2012, p. 29), "se queremos produzir práticas sociais que tenham a dimensão do coletivo, temos que dialogar com saberes múltiplos, temos que pesquisar com qualidade".

Já em relação à pesquisa quantitativa e qualitativa, Martinelli (2012, p. 29) afirma que "a relação entre pesquisa quantitativa e qualitativa não é de oposição, mas de complementariedade e articulação".

Para a pesquisa bibliográfica utilizaram-se autores e bibliografias que proporcionaram a compreensão do trabalho infantil, com temas como sua naturalização, produção e reprodução, bem como as transformações históricas e os avanços provocados pelas mudanças ocasionadas pela revolução tecnológica como Marilda Iamamoto, Hugo Monteito Ferreira et al, Sérgio Lessa, Mary Del Priore, Ricardo Antunes, Clovis Moura, Grada Kilomba, Djamila Ribeiro, Miguel Arroyo, Ana Paula Galdeano e Ronaldo Almeida *et al.*, Philippe Ariès, Maria Stela Santos Graciani, Carola Carbal Arregui, Elisiane Santos, Telma Guimarães e Julio Emilio Braz, Bruna Ribeiro, Maria de Fátima Pereira Alberto *et al.*, Valdnei Santos de Aguiar Jr. e Luiz Carlos Fadel de Vasconcelos, Cristina Porto, Fabiana Dantas Soares Alves da Mota.

Na pesquisa documental foi necessário resgatar documentos históricos, e buscar as legislações vigentes que efetivaram as políticas e suas transformações como a Resolução n.º 109/2009 do Conselho Nacional de Assistência Social (CNAS) e a Portaria n.º 46/Smads/2010.

Para a pesquisa de campo, de caráter qualitativo, definiu-se três momentos:

- 1º momento: mapeamento do distrito de Pinheiros, local de grande incidência do trabalho infantil.

- 2º momento: entrevistas presenciais com gerente e técnico dos serviços de organizações sociais que prestam serviços para Smads no distrito de Pinheiros, mediante termo de colaboração que efetiva parceria pública por meio do Seas, que compõe a Proteção Social Especial (PSE) de Média Complexidade.

- 3º momento a partir das entrevistas com profissionais do Seas identificamos que muitas crianças e adolescentes envolvidas no trabalho infantil na região de Pinheiros são oriundas de distrito de Capão Redondo. Assim, o terceiro momento foi conhecer e entrevistar profissionais que trabalham no serviço Sasf, uma modalidade de Serviço de Convivência e Fortalecimento de Vínculos Familiares (SCFV) e que compõe a Proteção Social Básica (PSB).

A seguir, detalhamos os critérios de escolha e procedimentos.

O município de São Paulo possui:

- 28 Serviços Especializados de Abordagem Social (Seas), que atendem por meio de abordagem social as ruas, cruzamentos e diversos pontos de concentração;

- 68 Serviços de Assistência Social à Família e Proteção Social Básica no Domicílio (Sasf) que atendem essas mesmas crianças e adolescentes nas comunidades, ou seja, em seu domicílio.

Como já dito, destes 28 Seas foi definido o localizado na região de Pinheiros, por ser o distrito com maior número de crianças e adolescentes em situação de trabalho infantil.

Dessa mesma forma, dentre os 68 Sasf, foi definido um Sasf, compreendendo o distrito de Campo Limpo por se tratar de origem das crianças e adolescentes que estão no trabalho infantil no distrito de Pinheiros.

Importante esclarecer que os Serviços Especializado de Abordagem Social (Seas) são serviços de média complexidade e de acordo com a Tipificação Nacional de Serviços Socioassistenciais da Resolução n.º 109, de 11 de novembro de 2009, do Conselho Nacional de Assistência Social (CNAS), o Serviço especializado em Abordagem Social é ofertado de forma continuada e programada, com a finalidade de assegurar trabalho social de abordagem e busca ativa que identifique, nos territórios, a incidência de situações de risco pessoal e social, por violação de direitos, como: trabalho infantil, exploração sexual de crianças e adolescentes, situação de rua, uso abusivo de crack e outras drogas, a saber:

> A abordagem social constitui-se em processo de trabalho planejado de aproximação, escuta qualificada e construção de vínculo de confiança com pessoas e famílias em situação de risco pessoal e social nos espaços públicos para atender, acompanhar e mediar acesso à rede de proteção social (Brasil, 2013, p. 7).

Foi partindo deste momento em que a descoberta de crianças e adolescentes das comunidades periféricas se deslocam para estes territórios de maior concentração que norteou a escolha do Serviço de Assistência Social à Família e Proteção Social Básica no Domicílio – Sasf; por efetivar o atendimento às famílias das crianças e adolescentes dentro nas periferias enquanto modalidade do Serviço de Convivência e Fortalecimento de Vínculos Familiares da Proteção Social Básica – SCFV.

Segundo o portal da Prefeitura da Cidade de São Paulo na Secretaria Municipal de Assistência e Desenvolvimento Social – Smads, Sasf é um:

> Serviço de acompanhamento e monitoramento das famílias encaminhadas pelo Centro de Referência de Assistência Social - CRAS. Ele tem o objetivo de contribuir para a redução do descumprimento de condicionalidades do Programa de Transferência de Renda – Bolsa Família – e a prevenção do surgimento de novos casos; prevenir agravos que possam desencadear rompimento de vínculos familiares e sociais; identificar demandas de famílias e pessoas para o acesso a benefícios, programas de transferência de renda e inserção na rede de proteção social; oferecer possibilidades de desenvolvimento de habilidades e potencialidades, estímulo à participação cidadã e construção de contextos inclusivos; promover aquisições sociais às famílias, potencializando o protagonismo e a autonomia de seus membros na comunidade; identificar, apoiar e acompanhar indivíduos e/ou famílias com idosos e pessoas com deficiência, na perspectiva de prevenir o confinamento e o abrigamento institucional; sensibilizar grupos comunitários sobre direitos e necessidades de inclusão social de pessoas com deficiência e pessoas idosas, buscando a desconstrução de mitos e preconceitos; fomentar projetos de inclusão produtiva e de desenvolvimento local. (SMADS, 2022)

Também foi necessário considerar a dimensão quantitativa do estudo, ou seja, levamos em consideração a quantidade de pontos de concentração e demanda das situações de trabalho infantil e reincidentes. Nesse sentido, foi realizado inicialmente um mapeamento dos bairros do distrito de Pinheiros com maior índice de trabalho infantil, para localizar as instituições que prestam serviço ou realizam atendimentos a essa população.

No ano de 2007, a Fundação Instituto de Pesquisas Econômicas (Fipe) realizou o censo de crianças e adolescentes em situação de rua e em situação de trabalho infantil contabilizando 1.842; e dados recentes do

Censo de 2022, realizado pelo Painel Pesquisa e Consultoria, apontam uma totalidade de 3.150 crianças e adolescentes pernoitando nas ruas, 1.953 têm atividades de trabalho irregular, sendo que 465 estão realizando as atividades acompanhadas por um adulto e 235 estão em atividades ilícitas.

Ademais, o Censo de 2022 aponta alguns distritos com incidências de maiores números; como Vila Mariana, que corresponde à região Sul; Mooca, que compreende à região leste; Santana, que corresponde à região norte; e Pinheiros, que corresponde à região oeste.

Com os dados e materiais obtidos pelos mapeamentos e entrevistas, o processo de reflexão com análise de conteúdo, a qual conforme Charmaz (2006), permite certa flexibilidade de interpretação, transitando entre o subjetivo e o objetivo, o contexto e a história, a realidade e a imaginação.

Foram entrevistados quatro sujeitos de pesquisa, primeiramente de forma coletiva com os profissionais (gerente e assistente social) do Seas Pinheiros, estes identificaram que crianças e adolescentes em situação de trabalho infantil encontrados em Pinheiros residem em Capão Redondo.

Partindo destes dados foram escolhidos os profissionais (gerente e assistente social) do Sasf III Capão Redondo entrevistados coletivamente.

As entrevistas foram gravadas e transcritas. Atendendo o Termo de Consentimento Livre e Esclarecimento (TCLE) os entrevistados foram mantidos em anonimato e no decorrer da pesquisa foram tratados da seguinte forma:

Quadro 1 – Entrevistados (4 sujeitos)

Sujeitos da pesquisa	Nome do Serviço	Denominação
2 entrevistados (gerente e assistente social juntos)	Serviço Especializado de Abordagem Social (Seas misto Pinheiros)	Entrevistado A1 Entrevistado A2
2 entrevistados (gerente e assistente social juntos)	Serviços de Assistência Social às Famílias e Proteção Social Básica nos Domicílios (Sasf III Capão Redondo)	Entrevistado B1 Entrevistado B2

Fonte: elaborado pelo autor (2023)

A obra está composta por três capítulos e considerações finais.

No primeiro capítulo, trabalho infantil: dispositivos protetivos e preventivos e a política de assistência social, apresentamos e refletimos sobre conceitos trazidos por legislações e aspectos que giram em torno aos dispositivos protetivos, preventivos e da política de assistência social.

No segundo capítulo, trabalho infantil e a política de assistência social na cidade de São Paulo, abordamos o trabalho infantil, a política municipal de assistência social, o trabalho infantil na região de Pinheiros e seus desdobramentos em Capão Redondo.

No terceiro capítulo, resultados da pesquisa: a intersetorialidade e o enfrentamento do trabalho infantil, defendemos a intersetorialidade como perspectiva preventiva do trabalho infantil e refletimos sobre a Política Municipal de Atenção Integral às Crianças e Adolescentes, dialogando com os resultados da pesquisa de campo.

Ao final apresentamos as considerações finais e indicamos a importância de continuidade de outras pesquisas sobre a temática que contribuam para o enfrentamento do trabalho infantil na cidade de São Paulo.

1

TRABALHO INFANTIL: DISPOSITIVOS PROTETIVOS E PREVENTIVOS E A POLÍTICA DE ASSISTÊNCIA SOCIAL

Neste capítulo, abordamos os dispositivos protetivos e preventivos previstos nos marcos jurídicos e institucionais do Brasil, que regulam a defesa, a prevenção e a proteção dos direitos da criança e do adolescente e a proibição do trabalho infantil.

Trataremos do Sistema de Garantia de Direitos da Criança e do Adolescente (SGDCA), do Sistema Único de Assistência Social (Suas), dos órgãos de controle social, da Resolução n.º 109/2009 – que trata das tipificações dadas pelo Conselho Nacional de Assistência Social (CNAS) – e, por fim, como se dá a estrutura regida pelas políticas de assistência social.

1.1 Trabalho Infantil, produção e reprodução

> Aquele moleque, que sobrevive como manda o dia a dia
> Tá na correria, como vive a maioria [...]
> Queria que Deus ouvisse a minha voz
> E transformasse aqui num Mundo Mágico de Oz [...]
> Moleque novo que não passa dos 12
> Rezei para o moleque que pediu
> Qualquer trocado, qualquer moeda
> Me ajuda tio
> Pra mim não faz falta, uma moeda não neguei
> Não quero saber, o que que pega se eu errei.
> (Racionais MC's, 1997)

Impossível tratar do trabalho infantil sem mencionar os aspectos históricos que estruturam a situação no Brasil. É preciso resgatar as suas configurações fundantes.

No período colonial, as crianças e adolescentes, pretos, aqui desembarcavam sendo inseridas no trabalho escravo, exploradas, sofrendo diversas formas de violência, estruturando outras formas de exclusão social.

O processo de exploração da mão de obra escrava estruturou-se, naturalizando a pobreza e a exclusão social.

> Crianças e jovens no Brasil, são objeto de exploração desde os tempos coloniais. Se durante a escravidão era legal o uso de crianças para todo tipo de trabalho, o trabalho semiescravo de crianças, embora ilegal, ainda é prática comum no país. (Mello, 2006, p. 129)

> O trabalho infantil esteve enraizado, historicamente, na pauta cultural brasileira, como natural ao projeto de vida e sobrevivência das camadas populares, obtendo, até pouco tempo, adesão inconteste dos diversos segmentos da sociedade (família, sindicatos, partidos, organizações filantrópicas, igrejas...) Em realidade, na pauta cultural brasileira, o uso de força de trabalho infantil se converteu em eixo básico na formação de crianças e adolescentes provenientes dos segmentos da população marcados pela pobreza e exclusão. (Carvalho, 2000, p. 14)

O trabalho infantil era executado pela exploração e pela dominação dos povos africanos, de onde eram trazidos para substituir a força de trabalho indígena, manifestada como colonização que se enraizou por todo solo brasileiro, trazendo consigo as expressões da questão social, as desigualdades, a estruturação do racismo, que adentrou o país nas embarcações e/ou tráfico negreiro.

Além dos escravizados, também desembarcaram no Brasil crianças e adolescentes portugueses. Conforme Ramos (2007, p. 19), "As crianças subiam a bordo na condição de "grumetes" ou "pajens", como "órfãos do rei" enviados ao Brasil para se casarem com os súditos da coroa". De acordo com Lopes (2013, p. 66), os grumetes eram:

> Recrutados entre as famílias mais pobres de Portugal, aos grumetes cabia realizar diversos trabalhos nas naus. Muitas vezes alojados a céu aberto, com uma porção alimentar de baixa qualidade e escassa, castigados constantemente por outros tripulantes, assolados por doenças, essas crianças eram as que mais sofriam no duro trabalho de seus cotidianos.

Os pajens subiam nos navios com a perspectiva de mudar a condição de vida. Eram também recrutados de famílias pobres e por parentes de oficiais, e tinham mais privilégio em relação a condição dos grumetes.

> As crianças embarcadas por seus próximos tinham a função básica de aprendiz. Exemplo emblemático dessa situação é o caso do mestre da nau Conceição, naufragada em 1555,

> embarcara, em sua companhia "um sobrinho, e dois cunhados seus". Ao longo da viagem, os familiares funcionaram como aprendizes de seu ofício, no lugar do sota-piloto a quem por direito caberia à função. (Ramos, 2010, p. 32)

E os órfãos do rei eram crianças portuguesas, enviadas nas embarcações, para casarem-se com os súditos da Coroa. Ramos (2007, p. 19)

Leis como a do "Ventre Livre"[6] podem ter contribuído para o abandono destas crianças e adolescentes, trazendo o fortalecimento da prática do trabalho infantil e a situação de rua. Assim como a "Lei dos Sexagenários"[7], que provavelmente levou os idosos acima de 60 anos para as ruas e vias públicas compelidos pelas expressões da questão social.

A escravização das crianças e adolescentes foi o início de todo processo de construção/instauração do racismo, da discriminação, preconceito, exploração e do abuso sexual, da situação de rua, do trabalho infantil. Enfim, deu-se a estruturação de todas diversificadas situações presentes na atualidade.

> Eram obrigados a aceitar abusos sexuais dos marujos rudes e violentos. Crianças mesmo acompanhadas dos seus pais, eram violadas por pedófilos e as órfãs tinham de ser guardadas e vigiadas cuidadosamente a fim de manter-se virgens, pelo menos, até que chegassem a Colônia. (Ramos, 2007, p. 19)

Portanto, o trabalho infantil tem um recorte racial definido e com desvantagens principalmente àqueles que se encontravam na extrema pobreza. Abordamos aqui o conceito de racismo definido por Almeida como:

> Racismo é uma forma sistemática de discriminação que tem a raça como fundamento, e que se manifesta por meio de práticas conscientes ou inconscientes que culminam em desvantagens ou privilégios para indivíduos, a depender do grupo racial ao qual pertence. (Almeida, 2020, p. 26)

Nesse sentido, o racismo, a escravidão e a pobreza são categorias fundantes do trabalho infantil, trazida pelo colonialismo, pelo trabalho escravo e pelo imperialismo exercido por uma classe dotada de poder con-

---

[6] GABLER, L. **Lei do Ventre Livre**. Rio de Janeiro, Memória da Administração Pública Brasileira - MAPA, 11 set. 2016. Disponível em: http://mapa.an.gov.br/index.php/menu-de-categorias-2/286-lei-do-ventre-livre. Acesso em: 5 jul. 2023.

[7] GABLER, L. **Lei do Sexagenários**. Rio de Janeiro, Memória da Administração Pública Brasileira – MAPA, 11 nov. 2016. Disponível em: http://mapa.an.gov.br/index.php/menu-de-categorias-2/280-lei-dos-sexagenarios. Acesso em: 5 jul. 2023.

tra outra classe dominada. "A história do racismo moderno se entrelaça com a história das crises estruturais do capitalismo." (Almeida, 2020, p. 201), o que objetiva o trabalho infantil.

> Este caráter natural vem contribuir com o denominado ciclo de exclusão, no sentido de reforçá-lo e reproduzi-lo. O estigma que é definido como cicatriz, como aquilo que marca, denota claramente o processo de qualificação e desqualificação do indivíduo na lógica da exclusão. (Wanderley, 2006, p. 24)

É nesta direção que Vera Telles (1990, p.24) afirma que: "a estigmatização da pobreza funciona através da lógica que faz os direitos serem transformados". Nessa direção, Wanderley (2006, p. 24) afirma: "A exclusão social se faz presente nas embarcações e as desigualdades vão se proliferando no Brasil colônia, império, república fazendo-se presente".

1.2 Legislações e marcos institucionais: internacionais e brasileiros

O trabalho escravo, a exploração da força do trabalho pode ter empurrado a presença das crianças e adolescentes para a criminalidade de 1900. Mario Antonio Cabral dos Santos aponta que "entre 1900 e 1916 o coeficiente de prisões por dez mil habitantes era distribuído da seguinte forma: 307,32 maiores e 275,14 menores" (Santos, 2007, p. 214).

O recorte do impresso abaixo demonstra em uma pequena matéria jornalística publicada pelo Jornal *A Noite*[8] em março de 1915, o quanto a criminalidade se intensificou.

Figura 1 – Um menor condenado por ladrão

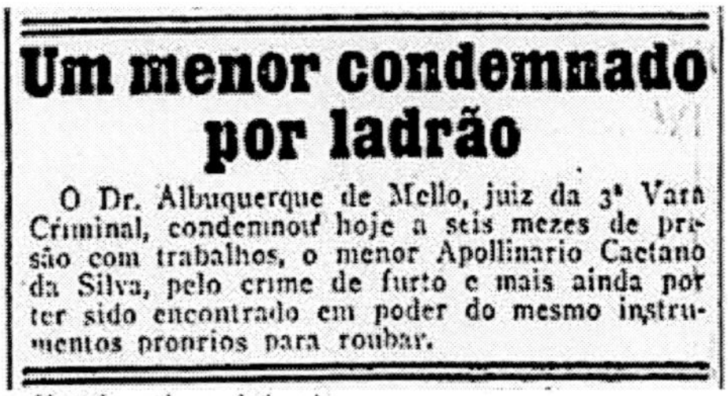

Um menor condemnado por ladrão

O Dr. Albuquerque de Mello, juiz da 3ª Vara Criminal, condemnou hoje a seis mezes de prisão com trabalhos, o menor Apollinario Caetano da Silva, pelo crime de furto e mais ainda por ter sido encontrado em poder do mesmo instrumentos proprios para roubar.

Notícias sobre prisões de menores eram comuns, como a publicada pelo jornal A Noite em 6 de março de 1915

Fonte: Westin (2015)

---

[8] WESTIN, R. Crianças iam para a cadeia no Brasil até a década de 1920. **Agência Senado**. Brasília, DF, 07 jul. 2015. Disponível em: https://www12.senado.leg.br/noticias/materias/2015/07/07/criancas-iam-para-a-cadeia-no-brasil-ate-a-decada-de-1920. Acesso em: 24 jul. 2023.

A partir de 1907, crianças com apenas 12 anos já podiam trabalhar como se fossem adultos. A autorização para o trabalho com 12 anos percorreu de 1907 a 1919, quando a 1.ª Conferência Internacional de Genebra {proibiu} o trabalho para até 14 anos.

Após a I Guerra Mundial em 1919, são criadas duas importantes instituições: a *Save the Children* e a Organização Internacional do Trabalho (OIT). A *Save the Children* foi a primeira instituição criada para proteger as crianças e adolescentes e a OIT foi criada para organizar os meios de trabalho no mundo.

No ano de 1923 é criado o Juizado de Menores, partindo para a criação do primeiro Código de Menores, e em 1979 cria-se o segundo Código de Menores, que perdurou até 1988, quando é promulgada a Constituição Federal no Brasil.

Entre os anos de 1941 a 1943 nos orfanatos e nos presídios crianças e adolescentes eram mantidos em espécie de cativeiro, sendo explorados para o trabalho escravo, submetidos ao trabalho forçado e muitos deles morriam.

Em 1943 é aprovada a Lei da Aprendizagem. De 1930 a 1961 são criadas as instituições de proteção às crianças e adolescentes: a Organização das Nações Unidas (ONU), Fundo das Nações Unidas para Infância (Unicef), Lei de Diretrizes e Bases da Educação Nacional (LDB) e Consolidação das Leis Trabalhistas (CLT).

Em 1964 é instalada, durante a ditadura militar, a Fundação do Bem-Estar do Menor (Funabem). A ditadura militar marca a repressão, o exílio político e muitos outros retrocessos.

A Constituição Federal (CF88) ressalta a proibição da mão de obra escrava e a proibição do trabalho de crianças e adolescentes com idade inferior a 14 anos.

Em 1990 é regulamentado o Estatuto da Criança e do Adolescente (ECA), instrumento construído por muitas lutas, sendo uma das mais relevantes conquistas de efetivação do sistema de garantias de direito, o ECA fortalece os direitos das crianças e adolescentes, com a perspectiva de defesa e proteção deles.

Apesar dos avanços, todas as legislações criadas a partir do ECA não inibem a realização do trabalho infantil, nem mesmo o trabalho escravo. Este fato deve-se a falta de políticas públicas em defesa e proteção da família. Foi após o ECA que muitos outros movimentos, organizações da sociedade civil, fóruns, comissões e conselhos foram criados.

Em 1994, a OIT juntamente com a Unicef constitui o Fórum Nacional de Prevenção e Erradicação do Trabalho Infantil (FNPETI), órgão de controle social que possui como membros representantes do governo federal, trabalhadores e sociedade civil. O Fórum coordena a Rede Nacional de combate ao Trabalho Infantil formada por 27 Fóruns e 48 entidades-membro.

A partir da Constituição Federal (CF88) o trabalho infantil vira pauta, assim como as suas lutas no combate, a instituição de leis específicas, emenda constitucional, Primeira Marcha contra o trabalho infantil, órgãos como a Coordinfância, o Fórum Nacional de Prevenção e Erradicação do Trabalho Infantil (FNPETI), Comissão Nacional de Erradicação do Trabalho Infantil (Conaeti), I, II e III Plano de Prevenção e Erradicação do Trabalho Infantil. Em 2006 o Conselho Nacional dos Direitos da Criança e Adolescente (Conanda) institui a Resolução n.º 113, criando o Sistema de Garantia de Direitos da Criança e do Adolescente (SGDCA), e a regulamentação do Programa de Erradicação do Trabalho Infantil em 2007. Em 2008 é publicado lista das piores formas de trabalho infantil em Decreto n.º 6.481/2008, e o Programa de Erradicação do Trabalho Infantil (Peti) é integrado ao Programa Bolsa Família.

Em 2019 o III Plano de Prevenção e Erradicação do Trabalho Infantil define estratégias de erradicação e se determina o ano de 2022 como prazo final do problema, mas a Pandemia de Covid-19 redesenhou outra história.

1.3 Afinal, o que é trabalho infantil?

De acordo com a Convenção da Organização Internacional do Trabalho (OIT) n.º 138 e n.º 1.821 de 1999: "É considerado trabalho infantil, o trabalho realizado por crianças e adolescentes abaixo da idade de admissão ao emprego/trabalho estabelecido no País".

Após anos de trabalho, com acúmulo de experiências adquiridas, o pesquisador conceitua trabalho infantil como toda e qualquer força de trabalho explorada e empregada por pessoas com idade inferior à permitida por lei, independente de ocorrer remuneração ou não. Por sua vez, o trabalho infantil atinge crianças e adolescentes em uma estrutura produzida e imposta pela ordem capitalista que se manifesta para a garantia da sobrevivência, evitar a fome e suprir as condições básicas.

O conceito que mais se aproxima da definição do pesquisador encontra-se no III Plano Nacional de Prevenção e Erradicação do Trabalho Infantil (2019-2022, p. 6): "trabalho infantil" refere-se às atividades econômicas e/ou às atividades de sobrevivência, com ou sem finalidade de lucro, remuneradas ou não, realizadas por crianças ou adolescentes em idade inferior a 16 anos.

O Estatuto da Criança e do Adolescente (ECA) conceitua "criança" no art.2º da seguinte forma: "Considera-se criança, para os efeitos [...] da Lei, a pessoa até doze anos de idade incompletos". Define "adolescente no mesmo art.2º como aquela entre doze e dezoito anos de idade incompletos".

Existe uma lógica contraditória no uso do termo trabalho infantil quando este é executado por adolescentes, afinal o termo infantil refere--se a crianças e não a adolescentes. Por outro lado, há outra contradição, naturalizada na sociedade, quando o adolescente é considerado adulto para mercado de trabalho, responsável por manter a família.

> É um processo de adultização de meninas e meninos, no mundo contemporâneo, visa, antes de tudo, à formação de uma infância com desejos de adultos, uma infância que, aparentemente autônoma, de fato, é guiada à compra, ao consumo, à escolha utilitarista do mercado. Uma criança adequada ao mercado e por ele guiada. Uma criança guiada pelo capitalismo e pelo Estado. (Ferreira; Ferreira; Melo, 2021, p. 215)

A manutenção da pobreza se dá pela necessidade da exploração de sua força de trabalho. A cidade que visibiliza os mais ricos também é a cidade que esconde, aparta, distância e exclui os demais nos extremos bolsões de pobreza, nas periferias, nas favelas e comunidades.

> Em uma sociedade, na qual predomina a lógica da desigualdade social, alguns são considerados parte incluída e outros estão fora desse território de inclusão, ou à parte ou literalmente apartados. A cidadania é legada somente para aqueles que fazem parte do que é considerado comunitário. (Koga, 2003, p. 63)

> As elites brasileiras pouco colaboraram na modificação deste valor cultural. Ao contrário, pouco valorizou a educação dos pobres. É assim que, para os pobres, o trabalho precoce virou sina justificada como modo privilegiado de formação e inclusão social das camadas populares. (Carvalho, 2000, p. 14)

> Desde os tempos coloniais, portanto, ao Brasil do Império, ao das Repúblicas – velha, nova e contemporânea - e agravando durante a ditadura militar, processos sociais excludentes estão presentes em nossa história. (Verás, 2006, p. 27)

A própria comunidade, o território, a periferia, a favela acabaram por ocultar algumas práticas de trabalhos nos âmbitos familiares como as piores formas de trabalho infantil: o trabalho doméstico, a exploração sexual, a pornografia, o tráfico de drogas, os bares das famílias, trabalhos em lava-rápidos, entregadores de bicicletas, mendicância, rodinho, flanelinha, malabares, carreto, lavadores de túmulos, cuidadores, feirantes, cozinheiros, costureiros, ambulantes, catadores de recicláveis ou coleta seletiva; não importa qual seja a atividade exercida, o trabalho infantil é a materialização da exploração da força de trabalho, afinal é por meio da execução desses trabalhos que se consegue dinheiro para saciar a fome.

> Nas áreas metropolitanas, não raramente consideradas com elevado padrão de qualidade de vida, ocorrem situações de territórios que se apresentam, em si mesmos, como excluídos ou sinônimos de exclusão social. [...]. Trata-se de espaços criados à parte da cidade, estigmatizantes e excludentes na sua origem, produzidos por uma lógica urbanística perversa que segue o modelo da concentração econômica para definir o que é e o que não é cidade, ou melhor, quem são e quem não são cidadãos. (Koga, 2003, p. 72)

De acordo com a Convenção 182 da OIT, a expressão das piores formas de trabalho infantil compreende:

> a) todas as formas de escravidão ou práticas análogas à escravidão, como venda e tráfico de crianças, sujeição por dívida, servidão, trabalho forçado ou compulsório, inclusive recrutamento forçado ou obrigatório de crianças para serem utilizadas em conflitos armados;
> b) utilização, demanda e oferta de criança para fins de prostituição, produção de pornografia ou atuações pornográficas;
> c) utilização, recrutamento e oferta de criança para atividades ilícitas, particularmente para a produção e tráfico de entorpecentes conforme definidos nos tratados internacionais pertinentes;
> d) trabalhos que, por sua natureza ou pelas circunstâncias em que são executados, são suscetíveis de prejudicar a saúde, a segurança e a moral da criança.

O trabalho infantil atrapalha o desenvolvimento físico das crianças e adolescentes e os priva de viverem a infância e a adolescência,

> As atividades desempenhadas, seus contextos, os riscos e agravos que podem gerar as funções de ocupação na vida da criança/adolescente, a presença ou não de um empregador

> e as relações de trabalho estabelecidas são alguns fatores de análise e reflexão sobre as características de uma dada situação de trabalho infantil. (Junior; Vasconcelos, 2021, p. 34)

Outro fator cultural que aprofunda as desigualdades e os afasta dos seus direitos é a falta de escuta. As crianças e adolescentes não possuem espaço de escuta, existe sempre a figura do adulto para falar por eles, sempre tem alguém para ocupar seu espaço.

Favero *et al.* (2020, p. 21) nos trazem que: "Em relação ao direito à participação das crianças e adolescentes em canais democráticos, há várias experiências no Brasil que buscam influenciar a cultura participativa na sociedade".

> A participação é um direito e, independentemente dos resultados, ela precisa ser assegurada, pois as crianças e adolescentes, como todos nós, são seres de relações e quanto mais socializados estiverem, mais humanizados serão. A participação coletiva educa para a vida em sociedade e para a convivência comunitária. (Favero, 2020, p. 21)

Portanto, buscar um sistema de garantia de direitos também é buscar um lugar de escuta, é buscar um "lugar de fala".

Ribeiro (2019, p. 83) conceitua "lugar de fala" e narra como este se aplica nos lugares públicos: "Pensar lugar de fala é uma postura ética, pois "saber o lugar de onde falamos é fundamental para pensarmos as hierarquias, as questões de desigualdade, pobreza, racismo e sexismo". Ressalta que este lugar de fala é uma ferramenta que impede o "calar", o interromper, ou seja, "Se o conceito de lugar de fala se converte numa ferramenta de interrupção de vozes hegemônicas, é porque ele está sendo operado em favor da possibilidade de emergências de vozes interrompidas" (Ribeiro, 2019, p. 84).

Por fim, Ribeiro (2019, p. 85) afirma que: "[...] entendemos que todas as pessoas possuem lugares de fala, pois estamos falando de localização social".

Freire (2008, p. 113) nos ensina que:

> Se, na verdade, o sonho que nos anima é democrático e solidário, não é falando aos outros, de cima para baixo, sobretudo, como se fôssemos os portadores da verdade a ser transmitida aos demais, que aprendemos a escutar, mas é escutando que aprendemos a falar com eles. Somente quem escuta

> paciente e criticamente o outro, fala com ele, mesmo que, em certas condições, precise de falar a ele. O que jamais faz quem aprende a escutar para poder falar como é falar impositivamente. Até quando, necessariamente, fala contraposições ou concepções do outro, fala com ele como sujeito da escuta de sua fala crítica e não como objeto de seu discurso. O educador que aprende a difícil lição de transformar o seu discurso, às vezes necessário, ao aluno, em uma fala com ele.

No período recente, a pandemia da Covid-19 aprofundou as desigualdades sociais, trouxe o desemprego e a fome. Nesse momento, vimos o trabalho infantil crescer, na busca por minimizar a fome.

Na pandemia, as aulas ofertadas pela internet não chegaram a todas as crianças e adolescentes. Por pertencer à extrema pobreza, muitos alunos não possuíam computadores, ou celulares para participarem. Além da fome ter assolado as periferias, as escolas que ofereciam merenda também estavam fechadas.

O período de pandemia permitiu observar as dificuldades vivenciadas na pobreza. Famílias com cinco, seis membros, morando muitas vezes em um único quarto, tiveram de se abrigar com outras famílias, somando 12 a 15 pessoas no mesmo espaço, para unificar renda e minimizar os efeitos da fome.

O trabalho infantil além de naturalizado, produzido e reproduzido, percorre gerações enquanto herança que passa de pai para filho, de avô para neto. "Quando chegam aos quinze anos, muitos garotos e garotas que trabalham na rua não estudam mais. Arrumar emprego sem estudar é difícil, mas também prefiro a rua, porque me sinto livre" (Ribeiro, 2021, p. 17).

Outro aspecto que ocorre com as famílias dessas crianças e adolescentes, refere-se ao fato de que várias delas não tiveram acesso, ou por vários motivos não puderam participar ou manter vida escolar efetivamente. O nível escolar dos pais é baixíssimo e este processo tende a reproduzir e a perpetuar os prejuízos quando adultos. Para Júnior e Vasconcelos (2021, p. 50), "[...] o emprego das crianças e adolescentes representavam menor custo e, consequentemente, maior produção de mais-valia e maior lucro, potencializando a acumulação capitalista".

Além da pobreza, da fome, do desemprego e do baixo nível de escolaridade, as meninas adolescentes sofrem com abuso sexual, tornando-se mães, ficando grávidas precocemente, perdendo a adolescência e adquirindo a alcunha de "mãe solteira".

Nos três quadros a seguir, apresentamos uma síntese dos organismos internacionais que influenciaram o enfrentamento do trabalho infantil, os principais fatos e os marcos históricos nas lutas, nos movimentos e nas organizações brasileiras e, por fim, uma relação das principais legislações brasileiras:

Organismos internacionais que influenciaram no enfrentamento do trabalho infantil.

Quadro 2 – Organismos Internacionais

01	1919	Surge a *Save the Children*, na Inglaterra, a primeira entidade internacional cuja missão era proteger e cuidar das crianças vítimas da I Guerra Mundial. Fundada pela pacifista inglesa Eglantyne Jebb.[9]
02	1919	Criação da OIT[10] - Na primeira convenção da Organização Internacional do Trabalho (OIT), com participação da Bélgica, Cuba, a antiga Checoslováquia, Estados Unidos, França, Itália, Japão, Polônia e Reino Unido, a entidade proíbe o trabalho realizado por pessoas com menos de 14 anos.
03	1924	A Assembleia da Liga das Nações adotou a Declaração de Genebra dos Direitos da Criança[11]. Tal declaração, contudo, não teve o impacto necessário ao pleno reconhecimento internacional dos direitos da criança, talvez até como decorrência do próprio panorama histórico que já se desenhava e do previsível insucesso da Liga das Nações.
04	1930	Proteção de crianças em trabalho forçado[12]. A OIT inicia proteção de crianças em trabalho forçado ou obrigatório, como vítimas de tráfico, escravidão ou explorados pela prostituição e pornografia.
05	1945	Criação da ONU[13] Criada, com 50 países fundadores, a Organização das Nações Unidas (ONU), com o propósito de manter a paz e segurança internacional.

[9] Cf. CIDADE Escola Aprendiz. Trabalho Infantil Linha do tempo. **Criança livre de trabalho infantil**, [*S.l.*, *s.d.*]. Disponível em:https://livredetrabalhoinfantil.org.br/trabalho-infantil/historico-do-trabalho-infantil/. Acesso em: 20 set. 2022.

[10] Cf. ORGANIZAÇÃO INTERNACIONAL DO TRABALHO. **História da OIT**. Brasília, DF, OIT, [*s.d.*]. Disponível em: https://www.ilo.org/brasilia/conheca-a-oit/hist%C3%B3ria/lang--pt/index.htm. Acesso em: 24/mar. 2023.

[11] Cf. OS 30 ANOS da Convenção sobre os Direitos da Criança. **Nexo Políticas Públicas**, São Paulo, 29 jun. 2020. Disponível em:https://pp.nexojornal.com.br/linha-do-tempo/2020/Os-30-anos-da-Conven%C3%A7%C3%A3o-sobre-os-Direitos-da-Crian%C3%A7a. Acesso em: 27 abr. 2023.

[12] Cf. CIDADE Escola Aprendiz. Trabalho Infantil Linha do tempo. **Criança livre de trabalho infantil**, [*S.l.*, *s.d.*]. Disponível em:https://livredetrabalhoinfantil.org.br/trabalho-infantil/historico-do-trabalho-infantil/. Acesso em: 27 abr. 2023.

[13] Cf. CIDADE Escola Aprendiz. Trabalho Infantil Linha do tempo. **Criança livre de trabalho infantil**, [*S.l.*, *s.d.*]. Disponível em:https://livredetrabalhoinfantil.org.br/trabalho-infantil/historico-do-trabalho-infantil/. Acesso em: 27 abr. 2023.

06	1946	**Criação do Unicef**[14] É criado o Fundo das Nações Unidas para a Infância (Unicef), tendo como primeiro programa a assistência a crianças no período do pós-guerra na Europa, no Oriente Médio e na China.
07	1948	Declaração Universal dos Direitos Humanos[15] É aprovada a Declaração Universal dos Direitos Humanos, que aumenta os direitos à população infantil.
08	1959	Declaração Universal dos Direitos das Crianças[16] - Unicef - as crianças têm direito à igualdade, sem distinção de raça religião ou nacionalidade. Princípio I - A criança desfrutará de todos os direitos enunciados nesta Declaração. Estes direitos serão outorgados a todas as crianças, sem qualquer exceção, distinção ou discriminação por motivos de raça, cor, sexo, idioma, religião, opiniões políticas ou de outra natureza, nacionalidade ou origem social, posição econômica, nascimento ou outra condição, seja inerente à própria criança ou à sua família.
09	1989	A Convenção Internacional dos Direitos da Criança[17] adotada por Assembleia Geral da ONU em 20 de novembro de 1989.
10	1998	**Marcha Global contra o Trabalho Infantil**[18] O indiano Kailash Satyarthi organizou uma marcha global contra o trabalho infantil, que mobilizou mais de sete milhões de pessoas em 103 países e terminou na sede da OIT em Genebra, durante a realização da 86.ª Sessão da Conferência Internacional do Trabalho. O movimento inspirou a primeira versão da Convenção 182 da OIT sobre a erradicação das piores formas de trabalho infantil, que um ano depois seria aprovada por unanimidade na mesma conferência.

---

[14] I Cf. CIDADE Escola Aprendiz. Trabalho Infantil Linha do tempo. **Criança livre de trabalho infantil**, [*S.l.*, *s.d.*]. Disponível em: https://livredetrabalhoinfantil.org.br/trabalho-infantil/historico-do-trabalho-infantil/. Acesso em: 27 abr. 2023.

[15] Cf. CIDADE Escola Aprendiz. Trabalho Infantil Linha do tempo. **Criança livre de trabalho infantil**, [*S.l.*, *s.d.*]. Disponível em: https://livredetrabalhoinfantil.org.br/trabalho-infantil/historico-do-trabalho-infantil/. Acesso em: 27 abr. 2023.

[16] Cf. DECLARAÇÃO UNIVERSAL DOS DIREITOS DAS CRIANÇAS – UNICEF. 1959. Disponível em: https://bvsms.saude.gov.br/bvs/publicacoes/declaracao_universal_direitos_crianca.pdf. Acesso em: 27 abr. 2023.

[17] Cf. CIDADE Escola Aprendiz. Trabalho Infantil Linha do tempo. **Criança livre de trabalho infantil**, [*S.l.*, *s.d.*]. Disponível em: https://livredetrabalhoinfantil.org.br/trabalho-infantil/historico-do-trabalho-infantil/. Acesso em: 27 abr. 2023.

[18] Cf. CIDADE Escola Aprendiz. Trabalho Infantil Linha do tempo. **Criança livre de trabalho infantil**, [*S.l.*, *s.d.*]. Disponível em: https://livredetrabalhoinfantil.org.br/trabalho-infantil/historico-do-trabalho-infantil/. Acesso em: 27 abr. 2023.

11	2001	Conferência de Durban[19] Promovida pela Organização das Nações Unidas contra o racismo e ódio aos estrangeiros, a Terceira Conferência Mundial contra o Racismo, a Discriminação Racial, a Xenofobia e Formas Correlatas de Intolerância – conhecida como Conferência de Durban – foi a primeira conferência patrocinada pela ONU, realizada na cidade de Durban, na África do Sul. O encontro influenciou diversas áreas no Brasil e comprometeu o país na implementação de políticas de combate ao racismo e à promoção da equidade racial, inspirando também as leis criadas posteriormente.
12	2010	2.ª Conferência Global sobre Trabalho Infantil[20] - ocorre com mais de 450 delegados de 80 países, organizada pela ONU.
13	2021	Ano Internacional para a Eliminação do Trabalho Infantil[21] Definida pela Organização das Nações Unidas (ONU) em 2019, a resolução prevê o compromisso dos Estados membros em tomarem medidas para erradicar o trabalho infantil em todas as suas formas, conforme prevê a meta 8.7 dos Objetivos de Desenvolvimento Sustentável (ODS), que prevê a erradicação do trabalho infantil.

Fonte: elaborado pelo autor (2023)

As lutas dos movimentos sociais, coletivos e organizações sociais brasileiras no enfrentamento do trabalho infantil

Quadro 3 – Das lutas e enfrentamento do trabalho infantil

01	1919	A greve de operários revelaria, que a condição operária, não havia perdido o caráter de urgência que lhe fora impresso ainda no século XIX.1919, quando da proibição, ganhou vigor com a I Conferência Internacional em Genebra, na qual se aprovou uma convenção que proibia o trabalho de menores de 14 anos em estabelecimentos industriais. (Rizzini, 2007, p. 396)

---

[19] Cf. CIDADE Escola Aprendiz. Trabalho Infantil Linha do tempo. **Criança livre de trabalho infantil**, [S.l., s.d.]. Disponível em: https://livredetrabalhoinfantil.org.br/trabalho-infantil/historico-do-trabalho-infantil/. Acesso em: 27 abr. 2023.

[20] Cf. CIDADE Escola Aprendiz. Trabalho Infantil Linha do tempo. **Criança livre de trabalho infantil**, [S.l., s.d.]. Disponível em: https://livredetrabalhoinfantil.org.br/trabalho-infantil/historico-do-trabalho-infantil/. Acesso em: 27 abr. 2023.

[21] Cf. ORGANIZAÇÃO INTERNACIONAL DO TRABALHO. **2021 Ano Internacional para a Eliminação do Trabalho Infantil**. Brasília, DF, OIT, [s.d.]. Disponível em: https://www.ilo.org/brasilia/temas/trabalho-infantil/2021-aieti/lang--pt/index.htm. Acesso em: 27 abr. 2023.

02	1941	Surgimento do primeiro Orfanato[22] "Lar Batista de Crianças" – Campinas
03	1942	É criado pelo governo de Getúlio Vargas o Serviço de Assistência ao Menor[23], como um equivalente ao sistema penitenciário para a população com menos de 18 anos.
04	1950	Unicef chega ao Brasil[24] O Fundo das Nações Unidas para a Infância (Unicef) chega ao Brasil, em João Pessoa (PB), com programas de proteção à saúde de crianças e gestantes nos estados do nordeste do país.
05	1983	Pastoral da Criança.[25] É criada a Pastoral da Criança, em nome da Conferência Nacional dos Bispos do Brasil (CNBB). Redes de solidariedade são formadas para proteção da criança e do adolescente.
06	1994	Criação do Fórum Nacional de Prevenção e Erradicação do Trabalho Infantil (Fnpeti)[26], em 29 de novembro. Representantes do governo, de trabalhadores, de empregadores, do Sistema de Justiça, de Organizações não governamentais, da OIT e do Unicef.
07	1995	Conferência Nacional dos Direitos da Criança[27] Ocorre a 1ª Conferência Nacional dos Direitos da Criança. O objetivo é ampliar a discussão sobre os direitos da criança e do adolescente.
08	1997	Apesar da dificuldade em localizar as crianças e adolescentes envolvidos no tráfico, o Juizado da Infância e da Juventude do município do Rio de Janeiro registrou um enorme aumento desses casos: de 4,5% em 1991 para 38% em 1997. (Rizzini, 2007, p.384)

---

[22] Cf. LAR BATISTA DE CRIANÇAS. **História da Instituição**. São Paulo, [*S.l.*, *s.d.*]. Disponível em: https://www.larbatista.com.br/sobre-o-lar/historia-da-instituicao#:~:text=O%20Lar%20Batista%20de%20Crian%C3%A7as,como%20o%20casal%20Paulo%20C. Acesso em: 27 abr. 2023.

[23] Cf. CIDADE Escola Aprendiz. Trabalho Infantil Linha do tempo. **Criança livre de trabalho infantil**, [*S.l.*, *s.d.*]. Disponível em: https://livredetrabalhoinfantil.org.br/trabalho-infantil/historico-do-trabalho-infantil/. Acesso em: 27 abr. 2023.

[24] Cf. CIDADE Escola Aprendiz. Trabalho Infantil Linha do tempo. **Criança livre de trabalho infantil**, [*S.l.*, *s.d.*]. Disponível em: https://livredetrabalhoinfantil.org.br/trabalho-infantil/historico-do-trabalho-infantil/. Acesso em: 27 abr. 2023.

[25] Cf. CIDADE Escola Aprendiz. Trabalho Infantil Linha do tempo. **Criança livre de trabalho infantil**, [*S.l.*, *s.d.*]. Disponível em: https://livredetrabalhoinfantil.org.br/trabalho-infantil/historico-do-trabalho-infantil/. Acesso em: 27 abr. 2023.

[26] Cf. FÓRUM NACIONAL DE PREVENÇÃO E ERRADICAÇÃO DO TRABALHO INFANTIL. **Marcos histórico**. Disponível em: https://fnpeti.org.br/marcoshistoricos/. Acesso em: 22 set. 2022.

[27] Cf. CIDADE Escola Aprendiz. Trabalho Infantil Linha do tempo. **Criança livre de trabalho infantil**, [*S.l.*, *s.d.*]. Disponível em: https://livredetrabalhoinfantil.org.br/trabalho-infantil/historico-do-trabalho-infantil/. Acesso em: 27 abr. 2023.

09	2000	Criação da Coordinfância.[28] É criada a Coordenadoria Nacional de Combate à Exploração do Trabalho da Criança e do Adolescente (Coordinfância), uma das áreas temáticas do Ministério Público do Trabalho (MPT). Com a missão de coordenar nacionalmente as ações voltadas para o enfrentamento do trabalho infantil, é composta por representantes da Procuradoria-Geral do Trabalho, das Procuradorias Regionais do Trabalho nos Estados e das Procuradorias do Trabalho em Municípios.
10	2002	Comissão Nacional de Erradicação do Trabalho Infantil – Conaeti [29] Instalação da Conaeti Instalação da Comissão Nacional de Erradicação do Trabalho Infantil (Conaeti), coordenada pelo Ministério do Trabalho e Emprego, com objetivo de elaborar o Plano Nacional de Erradicação do Trabalho Infantil.

Fonte: elaborado pelo autor (2023)

Com base nos aspectos levantados nos quadros anteriores é possível demonstrar que, por mais de 123 anos, só intensificaram a exploração da força de trabalho de crianças e adolescentes principalmente nas indústrias e fábricas que foram surgindo ao longo dos anos no território brasileiro.

A seguir, legislações Federais que influenciaram no enfrentamento do trabalho infantil.

Quadro 4 – Legislações Federais

01	1910	Em fins da década de 1910, a Lei Federal n.º 1596/1917 e o Decreto Estadual n.º 2918/1918 estabeleciam, de fato, a idade de 12 anos como limite para a admissão de mão de obra menor no setor secundário. (Moura, 2007, p. 272)
02	1911	Em 1911, o Decreto Estadual n.º 2141[30] estabelecia em 10 anos de idade o limite para que as crianças fossem admitidas ao trabalho, "podendo os de dez a 12 anos executar serviços leves". Ambas regulamentações estavam previstas nos artigos n.º 173 e artigo n.º 174.

---

[28] Cf. CIDADE Escola Aprendiz. Trabalho Infantil Linha do tempo. **Criança livre de trabalho infantil**, [*S.l.*, *s.d.*]. Disponível em: https://livredetrabalhoinfantil.org.br/trabalho-infantil/historico-do-trabalho-infantil/. Acesso em: 27 abr. 2023.

[29] Cf. CIDADE Escola Aprendiz. Trabalho Infantil Linha do tempo. **Criança livre de trabalho infantil**, [*S.l.*, *s.d.*]. Disponível em: https://livredetrabalhoinfantil.org.br/trabalho-infantil/historico-do-trabalho-infantil/. Acesso em: 27 abr. 2023.

[30] Cf. SÃO PAULO (Estado). **Decreto n. 2.141, de 14 de novembro de 1911**. Reorganiza o Serviço Sanitário do Estado. São Paulo: Secretaria de Estado dos Negócios do Interior, 14 nov. 1911. Disponível em: https://www.al.sp.gov.br/repositorio/legislacao/decreto/1911/decreto-2141-14.11.1911.html. Acesso em: 27 abr. 2023.

03	1917	Em 1917, o trabalho noturno e o trabalho extraordinário, nem sempre remunerado, concorriam para acentuar a exploração da mão de obra e agravar as condições de trabalho infantil. (Moura, 2007, p. 271) Institui-se o primeiro Código Civil Brasileiro - Lei n.º 3.071, de 1º de janeiro de 1916[31], também conhecido como Código Beviláqua. Entrou em vigor em janeiro de 1917 e permaneceu vigente no país até janeiro de 2002.
04	1923	É criado o primeiro Juizado de Menores no Brasil. Decreto n.º 16.272, de 20 de dezembro de 1923[32].
05	1927	Código de Menores[33] - Decreto n.º 17.943, de 12 de outubro de 1927. É promulgado no Brasil o Código de Menores, primeiro documento legal para pessoas com menos de 18 anos.
06	1943	Decreto-lei n.º 5.452, de 1.º de maio de 1943[34] – que institui a Consolidação das Leis Trabalhistas e aprova a lei de aprendizagem no art.438.
07	1956	Convenção n.º 81 da OIT[35] - Decreto Legislativo n.º 24, de 1956 - Aprova as Convenções do Trabalho de números 11, 12, 14, 19, 26, 29, 81, 88, 89, 95, 96, 99, 100 e 101, concluídas em sessões da Conferência Geral da Organização Internacional do Trabalho.
08	1961	Lei de Diretrizes e Bases da Educação[36] - Lei n.º 4.024, de 20 de dezembro de 1961.

---

[31] Cf. BRASIL. Lei 3.071, de 1º de janeiro de 1916. Código Civil dos Estados Unidos do Brasil. **Diário Oficial da União**, Rio de Janeiro, 1 jan. 1916. Disponível em: https://www.planalto.gov.br/ccivil_03/leis/l3071. htm#:~:text=LEI%20N%C2%BA%203.071%2C%20DE%201%C2%BA%20DE%20JANEIRO%20DE%20 1916.&text=C%C3%B3digo%20Civil%20dos%20Estados%20Unidos%20do%20Brasil.&text=Art.,os%20 princ%C3%ADpios%20e%20conven%C3%A7%C3%B5es%20internacionais. Acesso em: 27 abr. 2023.

[32] Cf. BRASIL. Decreto n.º 16.272, de 20 de dezembro de 1923. Aprova o regulamento da assistência e proteção aos menores abandonados e delinquentes. **Diário Oficial da União**, seção 1, Rio de Janeiro, 21 dez. 1923. Disponível em: https://www2.camara.leg.br/legin/fed/decret/1920-1929/decreto-16272-20-dezembro-1923-517646-publicacaooriginal-1-pe.html. Acesso em: 10 jul. 2023.

[33] Cf. BRASIL. Decreto n.º 17.943, de 12 de outubro de 1927. Consolida as leis de assistência e proteção a menores. **Diário Oficial de União**, Rio de Janeiro, 12 de outubro de 1927. Disponível em: https://www.planalto. gov.br/ccivil_03/decreto/1910-1929/d17943a.htm. Acesso em: 27 abr. 2023.

[34] Cf. BRASIL. Decreto-lei n.º 5.452, de 1.º de maio de 1943. Aprova a Consolidação das Leis do Trabalho. **Diário Oficial de União**, Rio de Janeiro, 10 de novembro de 1943. Disponível em: https://www.planalto.gov. br/ccivil_03/decreto-lei/del5452.htm. Acesso em: 27 abr. 2023.

[35] Cf. BRASIL. Decreto Legislativo n.º 24, de 1956. Aprova as Convenções do Trabalho de números 11, 12, 14, 19, 26, 29, 81, 88, 89, 95, 96, 99, 100 e 101, concluídas em sessões da Conferência Geral da Organização Internacional do Trabalho. **Diário Oficial da União**, seção 1, 30 maio 1956. Disponível em: https://www2.camara.leg.br/legin/fed/decleg/1950-1959/decretolegislativo-24-29-maio-1956-350643-publicacaooriginal-1-pl.html#:~:text=Aprova%20as%20Conven%C3%A7%C3%B5es%20do%20Trabalho,da%20 Organiza%C3%A7%C3%A3o%20Internacional%20do%20Trabalho. Acesso em: 27 abr. 2023.

[36] Cf. BRASIL. Lei n.º 4.024, de 20 de dezembro de 1961. Fixa as Diretrizes e Bases da Educação Nacional. **Diário Oficial da União**, seção 1, Brasília, DF, 27 dez. 1961. Disponível em: https://www2.camara.leg.br/legin/ fed/lei/1960-1969/lei-4024-20-dezembro-1961-353722-publicacaooriginal-1-pl.html. Acesso em: 27 abr. 2023.

09	1964	Criada a Funabem[37] - Lei n.º 4.513, de 1º de dezembro de 1964. É criada a Fundação do Bem-Estar do Menor (Funabem), pelo primeiro governo militar, com a intenção de formular e implementar a Política Nacional do Bem-Estar do Menor. A Funabem e algumas Febens que ficaram marcadas pela repressão e violência.
10	1967	Idade mínima para aprendizes. Decreto da Lei n.º 229 reduz a idade mínima dos aprendizes de 14 para 12 anos, no Brasil.[38]
11	1973	Convenção da OIT [39] sobre a Idade Mínima n.º 138 que dispõe sobre idade mínima de 15 anos para admissão ao emprego. Aprovados no Brasil - Decreto n.º 4.134, de 15 de fevereiro de 2002.
12	1974	Idade mínima para aprendizes.[40] A Lei n.º 5.274 determina que a idade mínima para aprendizes volta a ser 14 anos, como no Decreto n.º 1943.
13	1979	Segundo Código de Menores[41] - Lei n.º 6.697, de 10 de outubro de 1979. É aprovado o Segundo Código de Menores. Ele manteve a mesma linha de arbitrariedade, assistencialismo e repressão com a população infanto-juvenil.

---

[37] Cf. BRASIL. Lei n.º 4.513, de 1º de dezembro de 1964. Autoriza o Poder Executivo a criar a Fundação Nacional do Bem-Estar do Menor, a ela incorporando o patrimônio e as atribuições do Serviço de Assistência a Menores, e dá outras providências. **Diário Oficial da União**, Brasília, DF, 1 dez. 1964. Disponível em: https://www.planalto.gov.br/ccivil_03/leis/1950-1969/L4513.htm#:~:text=L4513&text=LEI%20N%C2%BA%204.513%2C%20DE%201%C2%BA%20DE%20DEZEMBRO%20DE%201964.&text=Autoriza%20o%20Poder%20Executivo%20a,Menores%2C%20e%20d%C3%A1%20outras%20provid%C3%AAncias. Acesso em: 10 jul.2023.

[38] CIDADE Escola Aprendiz. Trabalho Infantil Linha do tempo. **Criança livre de trabalho infantil**, [*S.l., s.d.*]. Disponível em: https://livredetrabalhoinfantil.org.br/trabalho-infantil/historico-do-trabalho-infantil/. Acesso em: 27 abr. 2023.

[39] Cf. BRASIL. Decreto n.º 4.134, de 15 de fevereiro de 2002. Promulga a Convenção n.º 138 e a Recomendação n.º 146 da Organização Internacional do Trabalho (OIT) sobre Idade Mínima de Admissão ao Emprego. **Diário Oficial da União**, Brasília, DF, 18 fev. 2002. Disponível em: http://www.planalto.gov.br/ccivil_03/decreto/2002/d4134.htm#:~:text=DECRETO%20N%C2%BA%204.134%2C%20DE%2015,M%C3%ADnima%20de%20Admiss%C3%A3o%20ao%20Emprego.&text=O%20PRESIDENTE%20DA%20REP%C3%9ABLICA%20%2C%20no,que%20lhe%20confere%20o%20art.Acesso em: 10 jul. 2023.

[40] Cf. CIDADE Escola Aprendiz. Trabalho Infantil Linha do tempo. **Criança livre de trabalho infantil**, [*S.l., s.d.*]. Disponível em: https://livredetrabalhoinfantil.org.br/trabalho-infantil/historico-do-trabalho-infantil/. Acesso em: 27 abr. 2023.

[41] Cf. BRASIL. Lei n.º 6.697, de 10 de outubro de 1979. Institui o Código de Menores. **Diário Oficial da União**, Brasília, DF, 10 out. 1979. Disponível em: https://www.planalto.gov.br/ccivil_03/leis/1970-1979/l6697.htm. Acesso em: 20 mar. 2023.

14	1987	Direitos da criança e do adolescente na Constituição.[42] Um grupo de trabalho se reuniu para concretizar os direitos da criança e do adolescente na Constituição Brasileira. O encontro foi presidido pelo deputado Ulysses Guimarães e ocorreu pela Assembleia Nacional Constituinte. A ação resultou no artigo 227 da CF88, três anos depois.
15	1988	Constituição da República Federativas do Brasil[43].
16	1988	Idade mínima para trabalho[44]. Artigo 60 da Constituição do Brasil proíbe o trabalho realizado por pessoas com menos de 14 anos.
17	1990	É Instituída a Lei n.º 8.069 – Estatuto da Criança e do Adolescente (ECA)[45] - dispõe sobre a proteção integral à criança e ao adolescente.
18	1992	Criação do Conanda[46] - Lei n.º 8.242, de 12 de outubro de 1991. Ocorre a criação do Conanda – Conselho Nacional dos Direitos da Criança e do Adolescente. A missão é formular políticas públicas e contribuir para o cumprimento do ECA.
19	1996	Criação do Programa de Erradicação do Trabalho Infantil (PETI),[47] pelo Governo Federal, com foco no combate às piores formas de trabalho infantil
20	1996	Lei n.º 9.394, de 20 de dezembro de 1996[48] - Estabelece as diretrizes e bases da educação nacional.

---

[42] Cf. CIDADE Escola Aprendiz. Trabalho Infantil Linha do tempo. **Criança livre de trabalho infantil**, [*S.l.*, *s.d.*]. Disponível em: https://livredetrabalhoinfantil.org.br/trabalho-infantil/historico-do-trabalho-infantil/. Acesso em: 27 abr. 2023.

[43] Cf. BRASIL. [Constituição (1988)]. **Constituição da República Federativa do Brasil de 1988**. Brasília, DF: Presidência da República, [2016]. Disponível em: https://www.planalto.gov.br/ccivil_03/constituicao/constituicao.htm. Acesso em: 27 abr. 2023.

[44] Cf. CIDADE Escola Aprendiz. Trabalho Infantil Linha do tempo. **Criança livre de trabalho infantil**, [*S.l.*, *s.d.*]. Disponível em: https://livredetrabalhoinfantil.org.br/trabalho-infantil/historico-do-trabalho-infantil/. Acesso em: 27 abr. 2023.

[45] Cf. BRASIL. Lei n.º 8.069, de 13 de julho de 1990. Dispõe sobre o Estatuto da Criança e do Adolescente e dá outras providências. **Diário Oficial de União**, Brasília, DF, 16 de julho de 1990. Disponível em: https://www.planalto.gov.br/ccivil_03/leis/l8069.htm. Acesso em: 27 abr. 2023.

[46] Cf. BRASIL. Lei n.º 8.242, de 12 de outubro de 1991.Cria o Conselho Nacional dos Direitos da Criança e do Adolescente (Conanda) e dá outras providências. **Diário Oficial de União**, Brasília, DF, 16 out. 1991. Disponível em: https://www.planalto.gov.br/ccivil_03/leis/l8242.htm. Acesso em: 10 jul. 2023.

[47] Cf. CIDADE Escola Aprendiz. Trabalho Infantil Linha do tempo. **Criança livre de trabalho infantil**, [*S.l.*, *s.d.*]. Disponível em: https://livredetrabalhoinfantil.org.br/trabalho-infantil/historico-do-trabalho-infantil/. Acesso em: 27 abr. 2023.

[48] Cf. BRASIL. Lei n.º 9.394, de 20 de dezembro de 1996. Estabelece as diretrizes e bases da educação nacional. **Diário Oficial de União**, Brasília, DF, 23 dez. 1996. Disponível em: https://www.planalto.gov.br/ccivil_03/leis/l9394.htm. Acesso em: 27 jul. 2023.

21	1998	Idade mínima para trabalho.[49] No Brasil, é alterada a idade mínima para trabalho, em 1998. Ela passa a ser de 16 anos, de acordo com a Emenda Constitucional n.º 20, de 15 de dezembro de 1998 – no Art.7, XXXIII - proibição de trabalho noturno, perigoso ou insalubre a menores de dezoito e de qualquer trabalho a menores de dezesseis anos, salvo na condição de aprendiz, a partir de quatorze anos.
22	2000	Realização do seminário nacional Implementação das Convenções n.º 138 e n.º 182 da Organização Internacional do Trabalho. A Convenção 182, que estabelece a proibição das piores formas de trabalho infantil e a ação imediata para sua eliminação foi ratificada no Brasil em 12 de setembro de 2000, por meio do Decreto n.º 3.597.[50] Lei do Aprendiz[51] - Lei n.º10.097, de 19 de dezembro de 2000. É regulamentada a Lei do Aprendiz, que altera alguns dispositivos da CLT. Ela assegura ao aprendiz formação técnico-profissional compatível com seu desenvolvimento físico, moral e psicológico.

---

[49]   Cf. BRASIL. Emenda constitucional n.º 20, de 15 de dezembro de 1998. Modifica o sistema de previdência social, estabelece normas de transição e dá outras providências. **Diário Oficial de União**, Brasília, DF, 16 dez. 1998. Disponível em: https://www.planalto.gov.br/ccivil_03/constituicao/emendas/emc/emc20.htm#:~:-text=%C2%A7%201%C2%BA%20%2D%20%C3%89%20vedada%20a,f%C3%ADsica%2C%20definidos%20em%20lei%20complementar. Acesso em: 10 jul. 2023.

[50]   Cf. BRASIL. Decreto n.º 3.597, de 12 de setembro de 2000. Promulga Convenção 182 e a Recomendação 190 da Organização Internacional do Trabalho (OIT) sobre a Proibição das Piores Formas de Trabalho Infantil e a Ação Imediata para sua Eliminação, concluídas em Genebra, em 17 de junho de 1999. **Diário Oficial de União**, Brasília, DF, 13 set. 2000. Disponível em: https://www.planalto.gov.br/ccivil_03/decreto/D3597.htm. Acesso em: 27 abr. 2023.

[51]   Cf. BRASIL. Lei n.º 10.097, de 19 de dezembro de 2000.Altera dispositivos da Consolidação das Leis do Trabalho – CLT, aprovada pelo Decreto-Lei n.º 5.452, de 1º de maio de 1943. **Diário Oficial de União**, Brasília, DF, 20 dez. 2000. Disponível em: https://www.planalto.gov.br/ccivil_03/leis/l10097.htm. Acesso em: 10/ jul. 2023.

23	2002	É instituído o novo Código Civil Brasileiro pelo Lei n.º 10.406, de 10 de janeiro de 2002.[52] - Toda pessoa é capaz de direitos e deveres na ordem civil. Lei n.º10.593, de 6 de dezembro de 2002.[53] Dispõe sobre a reestruturação da Carreira Auditoria do Tesouro Nacional, que passa a denominar-se Carreira Auditoria da Receita Federal - ARF, e sobre a organização da Carreira Auditoria-Fiscal da Previdência Social e da Carreira Auditoria-Fiscal do Trabalho, e dá outras providências. Decreto n.º 4.552, de 27 de dezembro de 2002.[54] Aprova o Regulamento da Inspeção do Trabalho. Instituição de portaria n.º 1.470/SMS/2002[55] que cria o Sistema de Vigilância de Acidentes do Trabalho – Sivat.
25	2004	Plano Nacional de Prevenção e Erradicação do Trabalho Infantil e Proteção ao Trabalhador Adolescente[56] - construído pelo Conaeti, MTE, Conanda convenções 138 e 182 da OIT com a perspectiva de monitorar as piores formas de trabalho infantil e da convenção 182 de combater o trabalho infantil. Este plano é referendado pelo Conanda.
26	2005	É instituído o Suas pela Constituição Federal para reorganizar a política de Assistência Social na perspectiva de materializar e operacionalizar a Loas.[57] O Programa de erradicação para o Trabalho Infantil – Peti é integrado ao Programa Bolsa Família.[58]

---

[52] Cf. BRASIL. Lei n.º10.406 de 10 de janeiro de 2002.Institui o Código Civil. **Diário Oficial de União**, Brasília, DF, 11 jan. 2002. Disponível em: http://www.planalto.gov.br/ccivil_03/leis/2002/l10406compilada.htm#:~:-text=LEI%20N%C2%BA%2010.406%2C%20DE%2010%20DE%20JANEIRO%20DE%202002&text=Institui%20 o%20C%C3%B3digo%20Civil.&text=Art.,e%20deveres%20na%20ordem%20civil. Acesso em: 27 jul. 2023.

[53] Cf. BRASIL. Lei n.º10.593, de 06 de dezembro de 2002.Dispõe sobre a reestruturação da Carreira Auditoria do Tesouro Nacional, que passa a denominar-se Carreira Auditoria da Receita Federal - ARF, e sobre a organização da Carreira Auditoria-Fiscal da Previdência Social e da Carreira Auditoria-Fiscal do Trabalho, e dá outras providências. **Diário Oficial de União**, Brasília, DF, 9 dez. 2002.Disponível em: http://www.planalto.gov. br/ccivil_03/leis/2002/l10593.htm. Acesso em: 27 jul. 2023.

[54] Cf. BRASIL. Decreto n.º4.552, de27 de dezembro de 2002.Aprova o Regulamento da Inspeção do Trabalho. **Diário Oficial de União**, Brasília, DF, 30 dez. 2002. Disponível em: http://www.planalto.gov.br/ccivil_03/ decreto/2002/d4552.htm. Acesso em: 27 jul. 2023.

[55] Cf. SÃO PAULO. Portaria n.º 1470/2002. Institui o Sistema de Vigilância de Acidentes do Trabalho - Sivat - no Município de São Paulo e regulamenta seu fluxo de informações. **Diário Oficial da Cidade**, São Paulo, 30 abr. 2002. Disponível em: http://legislacao.prefeitura.sp.gov.br/leis/portaria-secretaria-municipal-da-saude-1470-de-30-de-abril-de-2002/detalhe. Acesso em: 07 ago. 2023.

[56] Cf. BRASIL. **Plano nacional de prevenção e erradicação do trabalho infantil e proteção ao adolescente trabalhador (2019-2022)**, 3, Brasília, DF: Ministério dos Direitos Humanos e da Cidadania, 2018. Disponível em: https://www.gov.br/mdh/pt-br/assuntos/noticias/2018/novembro/lancado-3o-plano-nacional-de-prevencao-e-erradicacao-do-trabalho-infantil/copy_of_PlanoNacionalversosite.pdf. Acesso em: 27 abr. 2023.

[57] Cf. OLIVEIRA, N. A implementação do Suas nos municípios. **Portal GESUAS**, Viçosa, 12 mar. 2019. Disponível em: https://blog.gesuas.com.br/implementacao-suas/. Acesso em: 07 ago. 2023.

[58] Cf. SÃO PAULO. Plano Municipal de Erradicação do Trabalho Infantil e Proteção ao Jovem Trabalhador 2016. São Paulo: Comissão Municipal de Prevenção e Erradicação do Trabalho Infantil de São Paulo, 2016. Disponível em: https://www.prefeitura.sp.gov.br/cidade/secretarias/ upload/chamadas/peti_1483560543.pdf. Acesso em: 27 abr. 2023.

27	2006	Conanda assina Resolução n.º 113.[59] Institui que o Sistema de Garantia dos Direitos da Criança e do Adolescente envolve instâncias governamentais e sociedade civil. A ideia é efetivar a prática dos direitos humanos da criança e do adolescente, na União, estados e municípios.
28	2007	Publicação do documento avaliação do Plano Nacional de Prevenção e Erradicação do Trabalho Infantil e Proteção ao Trabalhador Adolescente. Publicação da avaliação da integração do Programa de Erradicação do Trabalho Infantil (Peti) ao Programa Bolsa Família. O dia 12 de junho – Dia Nacional de Combate ao Trabalho Infantil foi instituído pela Lei n.º 11.542/07.[60]
29	2008	Lei n.º 11.788, de 25 de setembro de 2008.[61]. - Dispõe sobre o estágio de estudantes; altera a redação do art. 428 da Consolidação das Leis do Trabalho – CLT, aprovada pelo Decreto-Lei n.º 5.452, de 1º de maio de 1943, e a Lei n.º 9.394, de 20 de dezembro de 1996; revoga as Leis n.º 6.494, de 7 de dezembro de 1977, e 8.859, de 23 de março de 1994, o parágrafo único do art. 82 da Lei n.º 9.394, de 20 de dezembro de 1996, e o art. 6º da Medida Provisória n.º 2.164-41, de 24 de agosto de 2001; e dá outras providências.
30	2008	Decreto n.º 6.481, de 12 de junho de 2008[62]- Regulamenta os artigos 3.º, alínea "d", e 4.º da Convenção 182 da Organização Internacional do Trabalho (OIT) que trata da proibição das piores formas de trabalho infantil e ação imediata para sua eliminação, aprovada pelo Decreto Legislativo n.º 178, de 14 de dezembro de 1999, e promulgada pelo Decreto n.º 3.597, de 12 de setembro de 2000 e dá outras providências.

---

[59] Cf. CIDADE Escola Aprendiz. Trabalho Infantil Linha do tempo. **Criança livre de trabalho infantil**, [*S.l.*, *s.d.*]. Disponível em: https://livredetrabalhoinfantil.org.br/trabalho-infantil/historico-do-trabalho-infantil/. Acesso em: 27 abr. 2023.

[60] Cf. BRASIL. Lei n.º 11.542, de 12 de novembro de 2007. Institui o Dia Nacional de Combate ao Trabalho Infantil. **Diário Oficial da União**, seção 1, Brasília, DF, 13 nov. 2007. Disponível em: https://www2.camara. leg.br/legin/fed/lei/2007/lei-11542-12-novembro-2007-562964-norma-pl.html. Acesso em: 27 abr. 2023.

[61] Cf. BRASIL. Lei n.º 11.788, de 25 de setembro de 2008. Dispõe sobre o estágio de estudantes; altera a redação do art. 428 da Consolidação das Leis do Trabalho – CLT... **Diário Oficial da União**, Brasília, DF, 26 set. 2008. Disponível em: https://www.planalto.gov.br/ccivil_03/_ato2007-2010/2008/lei/l11788.htm. Acesso em: 27 jul. 2023.

[62] Cf. BRASIL. Decreto n.º 6.481, de 12 de junho de 2008. Regulamenta os artigos 3º, alínea "d", e 4º da Convenção 182 da Organização Internacional do Trabalho (OIT) que trata da proibição das piores formas de trabalho infantil e ação imediata para sua eliminação, ... **Diário Oficial da União**, seção 1, Brasília, DF, 13 ju. 2008, retificado em 23 out. 2008. Disponível em: https://www.planalto.gov.br/ccivil_03/_ato2007-2010/2008/decreto/d6481.htm. Acesso em: 27 jul.2023.

31	2010	A Lei n.º 12.288/10,[63] institui o Estatuto da Igualdade Racial, destinado a garantir à população negra a efetivação da igualdade de oportunidades a defesa dos direitos étnicos individuais, coletivos e difusos e o combate à discriminação e às demais formas de intolerância étnica.
32	2010	Plano Nacional de Prevenção e Erradicação do Trabalho Infantil.[64] É criado o Plano Nacional de Prevenção e Erradicação do Trabalho Infantil e Proteção ao Adolescente Trabalhador. Ele foi elaborado pela Comissão Nacional de Erradicação do Trabalho Infantil (Conaeti) e pela Organização Internacional do Trabalho (OIT). O objetivo é erradicar o trabalho infantil até o fim de 2020. É estabelecido na cidade de São Paulo a Lei n.º 15.276/2010 a Política Municipal de Prevenção e Combate ao Trabalho Infantil em suas Piores Formas.[65]
33	2011	Em 06 de julho de 2011, a Lei n.º 12.435 é sancionada, garantindo a continuidade do Suas. É implementado o Peti previsto no art.24-C da Loas.
34	2015	Lei complementar n.º 150, de 1º de junho de 2015[66] - Dispõe sobre o contrato de trabalho doméstico.
35	2016	Lei n.º 13.257 de 08.03,2016, que institui as políticas públicas para primeira infância[67]
36	2019	3.º Plano Nacional de Prevenção e Erradicação do Trabalho Infantil[68], que determina um conjunto de medidas a serem adotadas entre 2019 e 2022 para acabar com essa prática no país. O Brasil estabeleceu como meta erradicar esse problema até 2025.

---

[63] Cf. BRASIL. Lei n.º 12.288, de 20 de julho de 2010. Institui o Estatuto da Igualdade Racial; altera as Leis n.º 7.716, de 5 de janeiro de 1989, 9.029, de 13 de abril de 1995, 7.347, de 24 de julho de 1985, e 10.778, de 24 de novembro de 2003. **Diário Oficial de União**, Brasília, DF, 21 julho 2010. Disponível em: http://www.planalto.gov.br/ccivil_03/_ato2007-2010/2010/lei/l12288.htm. Acesso em: 27 abr. 2023.

[64] Cf. CIDADE Escola Aprendiz. Trabalho Infantil Linha do tempo. **Criança livre de trabalho infantil**, [S.l., s.d.]. Disponível em: https://livredetrabalhoinfantil.org.br/trabalho-infantil/historico-do-trabalho-infantil/. Acesso em: 27 abr. 2023.

[65] Cf. SÃO PAULO. Lei n.º 15.276, de 2 de setembro de 2010. Estabelece diretrizes para a Política Municipal de Prevenção e Combate do Trabalho Infantil em suas Piores Formas, e dá outras providências. **Diário Oficial da Cidade**, São Paulo, 2 set. 2010. Disponível em: https://legislacao.prefeitura.sp.gov.br/leis/lei-15276-de-2-de-setembro-de-2010. Acesso em: 07 ago. 2023.

[66] Cf. BRASIL. Lei complementar n.º 150, de 1º de junho de 2015. Dispõe sobre o contrato de trabalho doméstico; [...]; e dá outras providências. **Diário Oficial de União**, Brasília, DF, 2 jun. 2015. Disponível em: https://www.planalto.gov.br/ccivil_03/leis/lcp/lcp150.htm. Acesso em: 27 jul. 2023.

[67] Cf. BRASIL. Lei n.º 13.257 de 8 de mar.2016. Dispõe sobre as Políticas Públicas para Primeira Infância. **Diário Oficial de União**, Brasília, DF, 8 mar. 2016. Disponível em: https://legislacao.presidencia.gov.br/atos/?tipo=LEI&numero=13257&ano=2016&ato=306QzZq50dZpWTf48. Acesso em: 16 dez.2023

[68] Cf. BRASIL. **Plano nacional de prevenção e erradicação do trabalho infantil e proteção ao adolescente trabalhador (2019-2022)**, 3, Brasília, DF: Ministério dos Direitos Humanos e da Cidadania, 2018. Disponível em: https://www.gov.br/mdh/pt-br/assuntos/noticias/2018/novembro/lancado-3o-plano-nacional-de-prevencao-e-erradicacao-do-trabalho-infantil/copy_of_PlanoNacionalversosite.pdf. Acesso em: 27 abr. 2023.

| 37 | 2021 | Instrução normativa n.º 2, de 8 de novembro de 2021 - Dispõe sobre os procedimentos a serem observados pela Auditoria-Fiscal do Trabalho nas situações elencadas. |

Fonte: elaborado pelo autor (2023)

Quadro 5 – Legislações Municipais

01	1991	Lei n.º 11.123, de 22.11.1991 que regulamenta a Política Municipal de Atendimento aos Direito da Criança e do Adolescente e institui o Conselho Municipal dos Direitos da Criança e do Adolescente na cidade de São Paulo – CMDCA/SP[69]
02	1992	Lei Municipal 11.247 de 01.10.1992 que dispõe sobre a criação do Fundo Municipal dos Direitos da Criança e do Adolescente – Funcad.[70]
03	2006	Criação da Comissão Municipal de Erradicação do Trabalho Infantil (Cmeti) pelo Decreto Municipal n.º 47.225/2006.[71]
04	2010	É estabelecida na cidade de São Paulo a Lei n.º 15.276/2010 a Política Municipal de Prevenção e Combate ao Trabalho Infantil em suas Piores Formas.[72]
05	2014	Decreto n.º 55.463 de 29 de agosto de 2014[73] – Que confere nova regulamentação à Lei n.º 11.123, de 22 de novembro de 1991, que dispõe sobre a política municipal de atendimento aos direitos da criança e do adolescente.

---

[69] Cf. SÃO PAULO. Lei n.º 11.123 de 22.11.1991. Regulamenta a Política Municipal de Atendimento aos Diretos da Criança e do Adolescente e institui o Conselho Municipal dos Direitos da Criança e do Adolescente – (CMDCA), **Diário Oficial de São Paulo**, 22 nov. de 1991. Disponível em: https://leismunicipais.com.br/a/sp/s/sao-paulo/lei-ordinaria/1991/1113/11123/lei-ordinaria-n-11123-1991-dispoe-sobre-a-politica-municipal-de-atendimento-aos-direitos-da-crianca-e-do-adolescente-e-da-outras-providencias. Acesso em: 16 dez.2023

[70] Cf. SÃO PAULO. Lei n.º 11.247 de 01.10.1992. Cria o Fundo Municipal dos Direitos da Criança e do Adolescente (Fumcad). **Diário Oficial da Cidade**, São Paulo, 1º out.1992. Disponível em: https://leismunicipais.com.br/a/sp/s/sao-paulo/lei-ordinaria/1992/1125/11247/lei-ordinaria-n-11247-1992-cria-o-fundo-municipal-dos-direitos-da-crianca-e-do-adolescente-fumcad-e-da-outras-providências. Acesso em: 16 dez.2023

[71] Cf. SÃO PAULO. Decreto n.º 47.225 de 25 de abril de 2006. Institui a Comissão Municipal de Erradicação do Trabalho Infantil. **Diário Oficial da Cidade**, São Paulo, 25 abr. 2006. Disponível em: https://legislacao.prefeitura.sp.gov.br/leis/decreto-47225-de-25-de-abril-de-2006. Acesso em: 07 ago. 2023.

[72] Cf. SÃO PAULO. Lei n. º15.276, de2 de setembro de 2010. Estabelece diretrizes para a Política Municipal de Prevenção e Combate do Trabalho Infantil em suas Piores Formas, e dá outras providências. **Diário Oficial da Cidade**, São Paulo, 2 set. 2010. Disponível em: https://legislacao.prefeitura.sp.gov.br/leis/lei-15276-de-2-de-setembro-de-2010. Acesso em: 07 ago. 2023.

[73] Cf. SÃO PAULO. Decreto n.º 55.463, de 29 ago.2014. Dispõe sobre a Política Municipal de Atendimento aos Direitos da Criança e do Adolescente. **Diário Oficial da Cidade**, São Paulo,29 ago.2014. Disponível em: https://leismunicipais.com.br/a/sp/s/sao-paulo/decreto/2014/5547/55463/decreto-n-55463-2014-confere-nova-regulamentacao-a-lei-n-11123-de-22-de-novembro-de-1991-que-dispoe-sobre-a-politica-municipal-de-atendimento-aos-direitos-da-crianca-e-do-adolescente. Acesso em: 16 dez.2023

06	2017	Lei n.º 16.710 de 11.10.2017, que dispõe sobre os princípios e diretrizes para a elaboração e implementação de políticas públicas pela primeira infância no município de São Paulo – Plano Municipal de Primeira Infância[74]
07	2020	Início da pandemia de Covid-19 na cidade de São Paulo (26 de fevereiro de 2020). Segundo informações dadas por publicação no site G1. O Ministério da Saúde afirmou nesta quarta-feira (26) que está comprovado o caso positivo de coronavírus no Brasil. Trata-se de um homem que mora em São Paulo, tem 61 anos, e veio da Itália. Esse é o primeiro caso da doença no país e em toda a América Latina.
08	2022	Em virtude da recessão econômica provocado pela Covid-19 nos anos de 2020 a 2021, o censo 2022, aponta 2.036 crianças e adolescentes notificados ao Sinan[75].
09	2022	Criação por meio da portaria n.º 60/Smads/2022 do Comitê Gestor do Programa de Erradicação do Trabalho Infantil (G-PETI)[76], uma instância da Secretaria Municipal de Assistência Social (Smads).
10	2022	Programa Cidade Protetora criada pelo Decreto Municipal n.º 61.426/2022[77] e Instrução Normativa n.º 02/Smads/2022[78].

---

[74] Cf. SÃO PAULO. Lei n.º 16.710, de 11 de out. 2017. dispõe sobre a elaboração e implementação de Políticas Públicas pela Primeira Infância no Município de São Paulo. **Diário Oficial da Cidade**, São Paulo,11 de out. 2017. Disponível em: https://leismunicipais.com.br/a/sp/s/sao-paulo/lei-ordinaria/2017/1671/16710/lei-ordinaria-n-16710-2017-dispoe-sobre-principios-e-diretrizes-para-a-elaboracao-e-implementacao-das-politicas-publicas-pela-primeira-infancia-no-municipio-de-sao-paulo-e-sobre-o-plano-municipal-pela-primeira-infancia-e-da-outras-providencias. Acesso em: 16 dez. 2023

[75] Cf. VIEIRA, R. Censo de Crianças e Adolescentes em situação de rua revela que mais de 70% deles estão em busca de recursos financeiros para sobreviver. São Paulo: Prefeitura de São Paulo, 30 jul. 2022. Disponível em: https://www.prefeitura.sp.gov.br/cidade/secretarias/assistencia_social/noticias/?p=332785. Acesso em: 27 abr. 2023.

[76] Cf. SÃO PAULO. Portaria Secretaria Municipal de Assistência e Desenvolvimento Social (Smads) n.º 60 de 29 de jul. 2022. **Diário Oficial da Cidade**, São Paulo, 29 jul. 2022. Disponível em: https://legislacao.prefeitura. sp.gov.br/leis/portaria-secretaria-municipal-de-assistencia-e-desenvolvimento-social-smads-60-de-29-de-julho-de-2022. Acesso em: 16 dez.2023.

[77] Cf. SÃO PAULO. Decreto n.º 61.426, de 10 de junho de 2022. Cria o Programa Cidade Protetora e o Selo Cidade Protetora. **Diário Oficial da Cidade**, São Paulo, 10 jun. 2022.Disponível em: https://legislacao.prefeitura. sp.gov.br/leis/decreto-61426-de-10-de-junho-de-2022. Acesso em: 07 de ago. de 2023.

[78] Cf. SÃO PAULO. Instrução Normativa Smads n.º 2, de 7 de outubro de 2022. Regulamenta o Programa Cidade Protetora e o Selo Cidade Protetora. **Diário Oficial da Cidade**, São Paulo,8 out. 2022. Disponível em: https://legislacao.prefeitura.sp.gov.br/leis/instrucao-normativa-secretaria-municipal-de-assistencia-e-desenvolvimento-social-smads-2-de-7-de-outubro-de-2022. Acesso em: 07 ago. 2023.

11	2023	Lei n.º 17.923, de 10 abr. 2023[79] – Institui a Política Municipal de Atenção Integral a Crianças e Adolescentes em Situação de Rua e na Rua, e dá outras providências.

Fonte: elaborado pelo autor (2023)

Nosso estudo aponta para algumas questões:

Como garantir os direitos sociais das crianças e adolescentes, em que o Estado não consegue dar conta das demandas? Por que as famílias não conseguem sair da linha da pobreza? Seria por omissão do próprio Estado?

Se existe omissão do Estado este por sua vez está infringindo o artigo 5º da Constituição Federal que descreve:

> Nenhuma criança ou adolescente será objeto de qualquer forma de negligência, discriminação, exploração, violência, crueldade e opressão, punido na forma da lei qualquer atentado, por ação ou omissão, aos seus direitos fundamentais. (Brasil, 1988)

Como garantir os direitos as crianças e adolescentes se a todo o momento são empurrados para execução de trabalho que os coloca em risco pessoal, social e de vida?

Enquanto sociedade, família e Estado temos que procurar preservar o desenvolvimento e a vida dessas crianças conforme prevê o artigo 7º da Constituição Federal:

> A criança e o adolescente têm direito à proteção, à vida e à saúde, mediante a efetivação de políticas sociais públicas que permitam o nascimento e o desenvolvimento sadio e harmonioso, em condições dignas de existência. (Brasil, 1988).

1.4 Dispositivos protetivos e preventivos e o trabalho infantil

A Constituição Federal de 1988 (CF88) é marco na consolidação da democracia e defesa dos direitos fundamentais, constituída após o centenário da abolição da escravatura pela também chamada Lei Áurea que declarava extinta a escravidão no Brasil. No entanto, é contraditória a

---

[79] Cf. SÃO PAULO. Lei n.º 17.923, de 10 de abr. de 2023. Institui a Política Municipal de Atenção Integral a Crianças e Adolescentes em Situação de Rua e na Rua, e dá outras providências. **Diário Oficial da Cidade**, São Paulo, 11 abr. 2023. Disponível em: https://legislacao.prefeitura.sp.gov.br/leis/lei-17923-de-10-de-abril-de-2023. Acesso em: 16 abr. 2023.

afirmação da narrativa extinção ou abolição, pois presenciamos, na atualidade, casos análogos ao trabalho escravo. Nesta perspectiva há muito o que se fazer, para combater tais situações, dentre elas o trabalho infantil.

Após a Constituição Brasileira de 1988, crianças e adolescentes passaram a ser amparados por lei com prioridade do direito assegurado pela saúde, educação, cultura e desporto, conforme art. 227:

> É dever da família, da sociedade e do Estado assegurar à criança e ao adolescente, com absoluta prioridade, o direito à vida, à saúde, à alimentação, à educação, ao lazer, à profissionalização, à cultura, à dignidade, ao respeito, à liberdade e à convivência familiar e comunitária, além de colocá-los a salvo de toda forma de negligência, discriminação, exploração, violência, crueldade e opressão. (Brasil, 1988).

Como já dito, em 1990 é promulgado o Estatuto da Criança e do Adolescente (ECA) na perspectiva de proteger e de garantir seus direitos fundamentais. Antes, porém, as crianças e adolescentes não eram sujeitos de direitos.

Dezesseis anos após a criação do ECA surge em 2006, o Sistema de Garantia de Direitos da Criança e do Adolescente (SGDCA) com intuito de assegurar o ECA, como marco legal dos direitos fundamentais da infância e adolescência. Foi a partir do Conselho Nacional dos Direitos da Criança e do Adolescente (Conanda) que foi instituído o SGDCA, que consolida a criação de diversos órgãos de defesa, de integração, articulação entre Estado, família e sociedade civil.

A garantia de direitos e as medidas protetivas estão previstas no art. 7º do ECA:

> A criança e o adolescente têm direito à proteção, à vida, e à saúde, mediante efetivação de políticas sociais públicas que permitam o nascimento e o desenvolvimento sadio e harmonioso, em condições dignas de existência. (Brasil, 1990).

Em 1991 foi criado o Conselho Nacional dos Direitos da Criança e do Adolescente (Conanda) sob a Lei n.º 8.242. Em 2006 o Conanda aprova a Resolução n.º 113, de 19.04.2006, que institui o Sistema de Garantia de Direitos da Criança e do Adolescente (SGDCA) para fortalecer e implementar o Estatuto da Criança e do Adolescente (ECA), com a perspectiva de garantir a proteção integral da infância e do adolescente. A Resolução é composta por nove capítulos com 34 artigos onde prevê no seu capítulo 1º uma configuração que integra a articulação com áreas da saúde, educação, assistência social, trabalho, conforme o parágrafo 1º, a saber:

> § 1º Esse Sistema articular-se-á com todos os sistemas nacionais de operacionalização de políticas públicas, especialmente nas áreas da saúde, educação, assistência social, trabalho, segurança pública, planejamento, orçamentária, relações exteriores e promoção da igualdade e valorização da diversidade.

O Sistema de Garantia de Direitos da Criança e do Adolescente tem como objetivo, exercer suas funções em rede, a partir de três eixos estratégicos de ação, ou seja, eixo I: defesa dos direitos humanos, eixo II: promoção dos direitos humanos e eixo III: controle da efetivação dos direitos humanos, bem como, está descrito no art.5º. Os três eixos de acordo com a redação aparecem no capítulo IV- Da defesa dos direitos humanos, no capítulo V- Da promoção dos direitos humanos e capítulo VI – Do controle da efetivação dos direitos humanos, conforme a seguir:

> I - defesa dos direitos humanos;
> II - promoção dos direitos humanos;
> III - controle da efetivação dos direitos humanos. Parágrafo único. Os órgãos públicos e as organizações da sociedade civil que integram o Sistema podem exercer funções em mais de um eixo.
> **Eixo I - Defesa** é um eixo assegurado nos artigos 6º e 7ºdesta resolução por:
> **Órgãos públicos:** defensoria, segurança pública estadual, advocacia da união e procuradorias estaduais, polícia judiciária, ouvidorias e organizações de defesa e garantia de direitos humanos (CEDECAS) e (NPJ);
> **Órgãos do Judiciário:** varas da infância e da juventude, as varas criminais especializadas, os tribunais do júri, as comissões judiciais de adoção, os tribunais de justiça, as corregedorias gerais de Justiça;
> **Órgãos Ministeriais:** Secretaria Nacional dos Direitos da Criança e do Adolescente (SNDCA), Secretaria Nacional de Assistência à Saúde, Secretaria Nacional de Assistência Social, Secretaria de Educação Básica e demais órgãos ministeriais de defesa de direitos;
> **Eixo II – Promoção:** Neste eixo é mencionada a estratégia de ação que garante a transversalidade, a articulação e a intersetorialidade das políticas no art.1º, bem como o atendimento das necessidades básicas às crianças e adolescentes e a participação popular, deixando evidente a

execução das políticas regionais, o que podemos mencionar como: CRAS, CREAS, CENTRO POP, Conselho Tutelar, a rede socioassistencial, rede de educação, direitos humanos, saúde e demais redes.

Eixo III - Controle Social é composto no Art. 21 dos Conselhos de Direitos, Conferências Regionais, Municipais e Federais nos âmbitos, Fóruns dos Direitos da Criança e Adolescente, Fórum Nacional, Fórum Estadual dos Direitos da Criança e do Adolescente, Fórum de educação infantil, Conselho Nacional dos Direitos da Criança e do Adolescente (CONANDA), Conselho Estadual dos Direitos da Criança e do Adolescente (CONDECA), Conselho Municipal dos Direitos da Criança e do Adolescente (CMDCA), Sistema Nacional de Atendimento Socioeducativo (SINASE), Conselhos Setoriais da Educação, Saúde e Assistência Social.

I - conselhos dos direitos de crianças e adolescentes;

II - conselhos setoriais de formulação e controle de políticas públicas; e

III - os órgãos e os poderes de controle interno.

O próprio Estatuto da Criança e do Adolescente nos possibilita a criação de três instrumentos fundamentais: Conselho Municipal dos Direitos das Crianças e Adolescentes, Conselho Tutelar e o Fundo Municipal dos Direitos da Criança e dos Adolescentes.

Segundo o portal Criança Livre de Trabalho Infantil, o CMDCA é um órgão:

> [...] paritário que conta com a participação da sociedade civil e do poder público municipal é um órgão que controla as políticas públicas municipais voltadas para crianças e adolescentes e também é responsável por realizar o registro das organizações da sociedade civil que atuam com crianças e adolescentes. (CDMA, *s.d.*).

Outro importante instrumento é o Conselho Tutelar (CT), órgão deliberativo que deve cumprir função pública para qual (os membros) foram eleitos pelo voto direto, garantindo suas atribuições conforme determinado nos artigos 136 e 139 da Lei Federal n.º 8.069/90 – ECA.

Cabe ao Conselho Tutelar (CT) atender ao disposto no SGDCA no que se refere aos três eixos: Promoção, Defesa e Controle Social, bem como, o dever por zelar pelo cumprimento dos direitos estabelecidos conforme prevê o ECA;

DE CAPÃO REDONDO A PINHEIROS: TRAJETOS PERCORRIDOS PELA INFÂNCIA

Além do Conselho Tutelar, que possui suas atribuições enquanto defensores, garantidores dos direitos e da proteção das crianças e adolescentes, no âmbito Federal, temos que dar importância à Auditoria Fiscal do Trabalho (AFT), que possui regulamentação constituída desde 1891 para inspeção de locais de trabalho na perspectiva de fiscalizar o trabalho de crianças (art.1º, caput).

A Auditoria Fiscal do Trabalho (AFT) é considerada pela OIT como referência de boas práticas a serem compartilhadas com serviços de inspeção de outros países, o que possui carreira e competências instituídos pela convenção n.º 81 da OIT, CLT Arts.626 a 630 na Lei n.º 10.593/2002 e regulamento aprovado de Inspeção do Trabalho no Decreto n.º 4.552/2002.

O trabalho dos "auditores" é afastar crianças e adolescentes da situação de trabalho infantil (Montanhana, 2023, p. 41), adotar punição para quem as emprega, garantir os direitos e protegê-las. "Além das medidas punitivas em face do empregador, adota outras ações direcionadas à proteção integral da criança e do adolescente e à garantia dos seus direitos fundamentais".

Conforme apontado no Salati (2023) no Portal G1, de janeiro a 20 março de 2023, foram resgatadas 918 pessoas em situação de trabalho escravo. O Ministério Público do Trabalho (MPT) afirma que foram registrados, em 2020, 180 denúncias com situações de trabalho análogo ao escravo e, em 2021, 942 denúncias.

Enfim, foi necessário trazer o trabalho escravo novamente como um alerta para demonstrar o quanto é um aspecto estruturante da produção do trabalho infantil.

Após a Emenda Constitucional n.º 20/1998, ficou estabelecida a proibição de trabalho noturno, perigoso ou insalubre a (ou) ao adolescente de 18 anos e de qualquer trabalho a (ou) ao adolescente de 16 anos, salvo na condição de aprendiz, a partir de 14 anos de idade.

Mas para que seja realizada a contratação do adolescente como empregado deve-se seguir as regras estabelecidas pela CLT art. 3º de 16 e 17 anos e desde que seja obedecido o art. 3º da CLT. O adolescente poderá também ser admitido como estagiário amparado pela Lei n.º 11.788, de 25 de setembro de 2008.

De acordo com a Consolidação das Leis Trabalhistas (CLT), art. 403, também é proibido o trabalho a menores (ou) aos menores a menores de 16 anos, salvo como aprendiz a partir de 14 anos.

O Código Civil Brasileiro define em seu art. 3º: "São absolutamente incapazes de exercer pessoalmente os atos da vida civil os menores de 16 anos – Lei n.º 10.406, de 10 de janeiro de 2002".

O Código Civil dispõe e proíbe o trabalho doméstico, que geralmente ocorre de forma oculta em sua maioria, por crianças e adolescentes do sexo feminino, conforme disposto no Art.1, Parágrafo Único. A mesma lei torna vedada a contratação de menor de 18 anos para desempenho de trabalho doméstico.

Mas, para que seja realizada a contratação do adolescente como empregado, deve-se seguir as regras estabelecidas pela CLT art. 3º de 16 e 17 anos e desde que seja obedecido o art.3º da CLT o adolescente poderá também ser admitido como estagiário amparado pela Lei n.º 11.788, de 25 de setembro de 2008.

1.5 A política de assistência social e o enfrentamento ao trabalho infantil

A Assistência Social é definida na CF88, compondo o tripé da Seguridade Social, juntamente com a Saúde e a Previdência Social. O principal marco é a Lei Orgânica da Assistência Social (Loas), de 1993.

A Política de Assistência Social está organizada em dois níveis de proteções: a Proteção Social Básica e a Proteção Social Especial, composta por uma rede socioassistencial constituída por programas, projetos, serviços e benefícios prestados aos cidadãos com referência e contra referência de suas unidades estatais: Centro de Referência de Assistência Social (Cras)[80] e Centro de Referência Especializado de Assistência Social (Creas) e Centro de Referência Especializado para População em Situação de Rua (Centro POP) que fazem a gestão de parcerias.

A aprovação da Tipificação Nacional dos Serviços Socioassistenciais se deu em 2009, mediante Resolução 109/2009 do Conselho Nacional de Assistência Social (CNAS).

---

[80] Centro de Referência de Assistência Social – (Cras) é uma unidade pública estatal de base territorial, localizada em áreas de vulnerabilidade social. Executa serviços de proteção social básica, organiza e coordena a rede local de serviços socioassistenciais. Dada a sua capilaridade nos territórios se caracteriza como principal porta de entrada do Sistema Único de Assistência Social – (Suas). O (Cras) está normatizado na Portaria n.º44/Smads/09. Cf.: SÃO PAULO. Smads n.º 44 de 21 de outubro de 2009. Estabelece diretrizes para o funcionamento dos Cras - Centros de Referência de Assistência Social. **Diário Oficial da Cidade**, São Paulo, 22 out. 2009. Disponível em: https://legislacao.prefeitura.sp.gov.br/leis/portaria-secretaria-municipal-de-assistencia-e-desenvolvimento-social-smads-44-de-21-de-outubro-de-2009. Acesso em: 15 jun. 2023.

De acordo com publicação no portal do Ministério de Desenvolvimento Social (MDS), a proteção Social Básica Tipificação Nacional dos Serviços socioassistenciais em seu artigo 1º, organiza os dois níveis de Proteção da seguinte forma:

> I - Serviços de Proteção Social Básica:
> Serviço de Proteção e Atendimento Integral à Família (PAIF);
> Serviço de Convivência e Fortalecimento de Vínculos; e
> Serviço de Proteção Social Básica no domicílio para pessoas com deficiência e idosas.
> II - Serviços de Proteção Social Especial de Média Complexidade:
> Serviço de Proteção e Atendimento Especializado a Famílias e Indivíduos (PAEFI);
> Serviço Especializado em Abordagem Social;
> Serviço de Proteção Social a Adolescentes em Cumprimento de Medida Socioeducativa de Liberdade Assistida (LA), e de Prestação de Serviços à Comunidade (PSC);
> Serviço de Proteção Social Especial para Pessoas com Deficiência, Idosas e suas Famílias; e
> Serviço Especializado para Pessoas em Situação de Rua.
> III - Serviços de Proteção Social Especial de Alta Complexidade:
> Serviço de Acolhimento Institucional, nas seguintes modalidades:
> - Abrigo institucional;
> - Casa-Lar;
> - Casa de Passagem; e
> - Casa de Passagem;
> b) Serviço de Acolhimento em República;
> c) Serviço de Acolhimento em Família Acolhedora; e
> d) Serviço de Proteção em Situações de Calamidades Públicas e de Emergências. (Brasil, 2009, p. 4)

Sobretudo, a política de assistência social mencionada neste capítulo mantém a prevenção e a proteção social, fazem parte do SGDCA. O problema na atualidade é conseguir ofertar atendimento a todo público demandante que por anos vem tendo um crescimento desordenado, principalmente, em se tratando da extrema pobreza, da segregação social, da exclusão e das desigualdades sociais, em decorrência da crise do Capital e pelo desmonte das políticas. Para Favero *et al.* (2020, p. 17):

> A Crise do capital marcada pela atual configuração do trabalho, pelo desemprego, subemprego e pelo desmonte

das políticas sociais tem se intensificado com acentuada minimização dos direitos sociais e atingindo, especialmente, o direito à proteção integral de crianças e adolescentes.

Afirma ainda que: "Essa crise, estrutural, ao mesmo tempo tem promovido a desregulamentação dos direitos humanos/sociais, com forte incremento nas expressões da questão social no Brasil, impactando diretamente na vida social". (Favero; Pini; Silva, 2020, p. 17).

Neste capítulo buscamos apresentar uma síntese histórica, dos dispositivos preventivos e protetivos e especificamente da política de Assistência Social no que tange ao combate do trabalho infantil. Esses pontos dialogarão com nossas reflexões na pesquisa empírica.

2

TRABALHO INFANTIL E POLÍTICA DE ASSISTÊNCIA SOCIAL NA CIDADE DE SÃO PAULO

Olha o ambulante vendendo seus produtos
Paga 2 leva 3 e não se fala mais no assunto
Desce daí moleque, você vai se machucar
Surfista de trem, office-boy vai trabalhar
(Rappin' Hood, 2001)

A frase da música do Rappin Hood citada acima contextualiza quanto o aspecto estruturante do trabalho infantil foi se reproduzindo e quanto o trabalho perigoso é margem para a ocorrência dos acidentes.

Neste capítulo abordaremos o trabalho infantil na cidade de São Paulo, a política de assistência social e o trabalho infantil na região de Pinheiros e seus desdobramentos no bairro de Capão Redondo.

Segundo dados IBGE em 2022 a cidade de São Paulo possui uma população estimada em 11.451.245 de pessoas. A Prefeitura da Cidade de São Paulo subdivide a cidade em cinco regiões: norte, sul, leste, oeste e centro; cada região possui um número diferenciado de Subprefeituras: 12 Subprefeituras na região leste, com 33 distritos; nove Subprefeituras na região sul, com 22 distritos; sete Subprefeituras na região norte, com 18 distritos; uma Subprefeitura na região central, com oito distritos; e três Subprefeituras na região oeste, com 15 distritos. Totalizando 32 Subprefeituras, com 96 distritos.

Figura 2 – Regiões e distritos da cidade de São Paulo

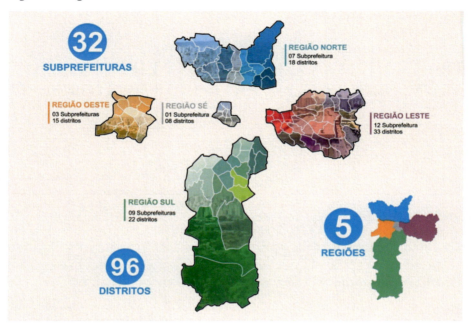

Fonte: GeoSampa (2023)[81]

São Paulo, metrópole populosa e que agrega migrantes e imigrantes, acolhe a todos por ser considerada cidade do trabalho, da renda, mas também possui seu outro lado invisível, marcado por desigualdades, miséria e pela extrema pobreza.

> Na metrópole, os níveis de exploração das crianças não são muito diferentes, mesmo porque a maior parte da população do país vive em zonas urbanas. Se no campo pobreza e trabalho infantil andam de mãos dadas, na cidade essa relação é ainda mais evidente. Um grande número de famílias sobrevive, em parte, graças ao trabalho de crianças e adolescentes. Normalmente esse trabalho é desenvolvido no mercado informal e as crianças, nem na cidade nem no campo, aparecem como trabalhadores registrados e com direitos trabalhistas assegurados. Na verdade, o envolvimento de crianças e jovens no trabalho é uma ilegalidade que as autoridades e a justiça preferem ignorar. (Mello, 2006, p.130)

---

[81] GeoSampa. Mapa digital da cidade de São Paulo. Disponível em: https://geosampa.prefeitura.sp.gov.br/PaginasPublicas/_SBC.aspx. Acesso em: 4 set. 2023.

O quadro a seguir apresenta uma pequena síntese do trabalho infantil executado nas fábricas e indústrias de São Paulo.

Quadro 6 – Trabalho infantil nas fábricas e indústrias

01	1900 a 1916	São Paulo evidenciava crianças e adolescentes com grande número na criminalidade, aponta que: "a cada dez mil habitantes 275,14 eram crianças e adolescentes". (Santos, 2007, p. 214)
02	1902	[...] "no ano de 1902, mais precisamente em 29 de janeiro, o jornal Avanti!, a classe operária tinha sua redução das horas e aumento de salário, para que tivessem condição de adquirir alguma instrução e poder dar aos filhos a possibilidade de freqüentar a escola com proveito e se elevar sobre os outros, se têm a força do talento e da boa vontade". (Moura, 2007, p. 280)
03	1907	Em julho de 1907, "André Francisco, de 12 anos de idade, acabou atingindo Marcellino Villa Mizal, de 16 anos, com quem brincava à hora do almoço no pátio da fábrica Penteado, onde trabalhavam, ao arremessar em sua direção, um pedaço de ferro". (Moura, 2007, p. 269)
04	1913	As fábricas de tecido, papel, oficinas e ademais eram compostas pelos operários infantis. (Moura, 2007, p. 260)
05	1916	A indústria têxtil correspondia ao setor de maior absorção de mão-de-obra e grande parte dos trabalhadores que empregava era representado por crianças e adolescentes. (Moura, 2007, p. 265)
06	1920	Cerca de 50% dos operários ainda eram de estrangeiros, sendo os 50% restantes de descendentes. Há bairros como o Brás, onde o operariado tenderia a concentrar-se, os tons da italianidade, em sua maioria crianças e adolescentes. (Moura, 2007, p. 261)
08	1996	Em São Paulo, crianças e adolescentes trabalham clandestinamente em fábricas de plásticos e vidros, ganhando a metade do piso salarial. (Rizzini, 2007, p. 402)

Fonte: elaborado pelo autor (2023)

Em "1894, 25% do operariado proveniente de quatro estabelecimentos têxteis da capital de São Paulo eram acompanhados por crianças e adolescentes" (Rizzini, 2007, p. 377).

Rizzini (2007, p.377) afirma ainda que em "1919 em levantamento realizado em 194 indústrias de São Paulo, apurou-se que cerca de 25% da mão-de-obra era composta por operários menores de 18 anos e mais da metade trabalhava nas indústrias têxteis".

2.1 Trabalho Infantil na Cidade de São Paulo

Dados publicados em 2006 pela *Revista do Tribunal Superior do Trabalho* (TST), afirmam que "em 1912, de 9.216 empregados em estabelecimentos têxteis na cidade de São Paulo, 371 tinham menos de 12 anos e 2.564 tinham de 12 a 16 anos, ou seja, perfaz um número de 2.935 de crianças e adolescentes".

Rizzini (2007, p. 391) aponta que em 1993, havia 4.520 crianças e adolescentes no trabalho. Em 2007 o jornal *Estadão* publica matéria de "intercorrência de um total de 1.842".

Segundo o Portal Livre de trabalho infantil, no ano de 2010, o IBGE "identificou 125.821 crianças e adolescentes em situação de trabalho". Em 2015, a Pesquisa Nacional por Amostras de Domicílio (Pnad) apontou na capital de São Paulo "198 mil (cento e noventa e oito mil) crianças e adolescentes no trabalho infantil nas idades entre 05 e 17 anos, dados publicados no portal Criança Livre de Trabalho Infantil".

O Estudo "Cenário da Exclusão Escolar no Brasil"[82] pelo Fundo das Nações Unidas para a Infância (Unicef) afirma que em 2019, na cidade de São Paulo,

> [...] em um total de população de 7.880.449 crianças e adolescentes de 04 a 17 anos, 142.874 ficaram fora da escola. Em 2020 de um total de 7.288.581 de 06 a 17 anos na cidade de São Paulo, ficaram fora da escola 667.152 crianças e adolescentes. (Unicef, 2021, p. 18).

Por fim, em 2022, a capital paulista também liderava com 2.036 notificações ao Sinan.

No quadro a seguir apresentamos dados, censos e estatísticas do trabalho infantil na cidade de São Paulo.

---

[82] Cf. Unicef. Fundo das Nações Unidas para a Infância. Cenário da Exclusão Escolar no Brasil: um alerta sobre os impactos da pandemia da Covid-19 na educação. 2021. Disponível em: https://www.unicef.org/brazil/media/14026/file/cenario-da-exclusao-escolar-no-brasil.pdf. Acesso em: 29 jul. 2023.

Quadro 7 – Dados, censos e estatísticas

01	1912	"[...] 9.216 empregados em estabelecimento têxteis na cidade de São Paulo, 371 tinham menos de 12 anos e 2.564 tinham de 12 a 16 anos. Os operários de 16 a 18 anos eram contabilizados como adultos". (Rizzini, 2007, p. 377)
02	1919	Em levantamento realizado em 194 indústrias de São Paulo, apurou-se que cerca de 25% da mão-de-obra era composta por operários de 18 anos. Destes, mais da metade trabalhava na indústria têxtil. (Rizzini, 2007, p. 377)
03	1993	Na cidade de São Paulo, havia 4.520 crianças perambulando nas ruas a cada dia em 1993, sendo que cerca de 895 dormiam nas ruas. Durante o dia, a maior parte das crianças estava trabalhando como ambulante, catador de papel, carregador e guardador de carro. (Rizzini, 2007, p. 391)
04	2007	O Jornal o *Estadão* aponta 1.842 crianças e adolescentes em trabalho infantil
05	2010	IBGE identificou 125.821 crianças e adolescentes em situação de trabalho infantil
06	2015	O Pnad indicou em São Paulo 198 mil crianças e adolescentes nas idades de 5 e 17 anos no trabalho infantil
04	2020	Dados coletados pelo Unicef[83] em São Paulo apontam para o agravamento da situação de trabalho infantil durante a pandemia. O Unicef realizou um levantamento de dados sobre a situação de renda e trabalho com 52.744 famílias vulneráveis de diferentes regiões de São Paulo, que receberam doações da organização e seus parceiros. Entre os dados levantados de abril a julho de 2020, o Unicef identificou a intensificação do trabalho infantil, com aumento de 26% entre as famílias entrevistadas em maio, comparadas às entrevistadas em julho.
05	2022	Pesquisa Censitária encomendada pela Prefeitura de São Paulo aponta 2.036 crianças e adolescentes em situação de trabalho infantil, onde o distrito de Pinheiros é apontado com demanda de 349 ficando em 3.º colocado.

Fonte: elaborado pelo autor (2023)

A seguir, dados do trabalho infantil entre os anos de 1912 e 2022.

---

[83] Cf. Unicef. Fundo das Nações Unidas para a Infância. **Trabalho infantil aumenta pela primeira vez em duas décadas e atinge um total de 160 milhões de crianças e adolescentes no mundo.** 2021. Disponível em: https://www.unicef.org/brazil/comunicados-de-imprensa/trabalho-infantil-aumenta-pela-primeira-vez-em-duas-decadas-e-atinge-um-total-de-160-milhoes-de-criancas-e-adolescentes-no-mundo. Acesso em: 20 set. 2023.

Figura 3 – Trabalho Infantil

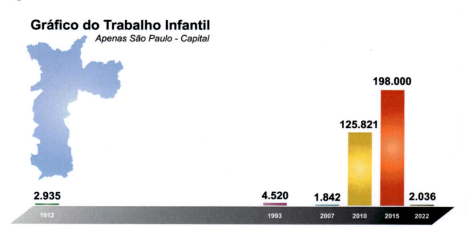

Fonte: elaborado pelo autor (2023)

No quadro a seguir é possível notar o distanciamento do Estado de São Paulo no atendimento do Programa de Erradicação do Trabalho Infantil. Também é possível observar, nos dados dos anos de 2020, 2021 e 2022, que o período pandêmico intensificou o desemprego e a fome e, ao contrário do que poderia ser, ao invés de aumentar, houve uma diminuição dos cadastrados.

Quadro 8 – Crianças e adolescentes cadastrados no Programa de Erradicação do Trabalho Infantil (Peti)

Crianças e adolescentes cadastradas (Peti). Programa de erradicação do trabalho infantil na cidade de São Paulo						
2016	2017	2018	2019	2020	2021	2022
309	239	231	284	194	108	187

Fonte: adaptado de PMSP/Smads, Peti (São Paulo, 2023)

Percebe-se que o trabalho infantil e a pobreza, conforme aponta Mello (2006, p. 130), "[...] andam de mãos dadas" e a falta de alimento, ou seja, a fome fundamenta a saída destas crianças dos bolsões de pobreza periférica para a trajetória do trabalho nas grandes avenidas e nos bairros mais ricos da metrópole.

É possível observar nas periferias que a pobreza recai nas famílias com mulheres, mães solteiras, que vivem no desemprego, com má distribuição de renda, em um cotidiano marcado pelo regime do patriarcado, do machismo, da violência doméstica, que são questões presentes na estrutura "monoparental e geracional". Como Dirce Koga relata, os traços do patriarcado permeiam estas famílias desde a escravidão.

> O traço da família patriarcal se enraíza juntamente com outros traços da "casa grande", como as relações de intimidade e cordialidade que se estendem à "senzala". A personificação da família patriarcal mostra, por um lado, sua força e domínio através de uma oligarquia econômica, política e social; por outro lado, este mesmo poder mostra-se como grande protetor dos fracos e subjugados. (Koga, 2003, p. 40)

Crianças e adolescentes se deslocam pela busca da sobrevivência nos centros e grandes avenidas na forma de trabalho infantil. Essa situação atravessa gerações no contexto da formação sócio-histórica brasileira e das mudanças e transformações do capitalismo e da ausência de políticas públicas.

Dados publicados no dia 24 de maio de 2022 pelo jornalista Deslange Paiva, G1SP, São Paulo, menciona que, em janeiro de 2021, a cidade de São Paulo registrou 473.814 famílias em situação de miséria; neste ano de 2022, o número aumentou 30,82%, passando para 619.819. O resultado é 601.923 vivendo em ocupações e em situação de extrema pobreza e 17.896 pessoas foram para as ruas no período pandêmico.

Figura 4 – Extrema pobreza

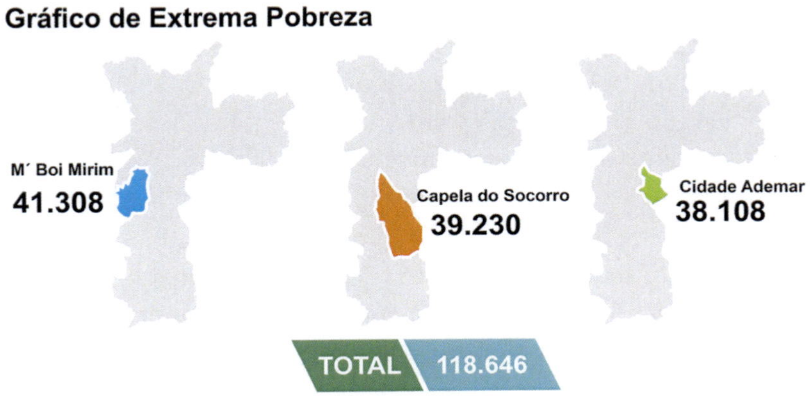

Gráfico de Extrema Pobreza

M´ Boi Mirim
41.308

Capela do Socorro
39.230

Cidade Ademar
38.108

TOTAL 118.646

Fonte: adaptado de Paiva (2022)

As crianças e adolescentes saem em sua maioria destas periferias para os distritos considerados de classe alta da cidade de São Paulo para realizar o trabalho infantil. Vejamos os números da Lapa, Vila Mariana e Pinheiros:

Figura 5 – Regiões Ricas

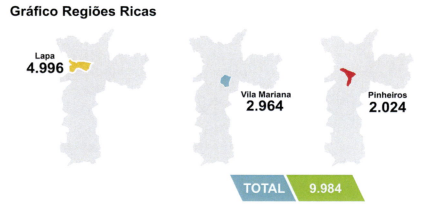

Fonte: adaptado de Paiva (2022)

Esses dados nos remetem à reflexão sobre a formação sócio-histórica brasileira, que naturalizou esta estrutura excludente por vários séculos.

2.2 Política de assistência social na cidade de São Paulo

A Secretaria Municipal de Assistência e Desenvolvimento Social (Smads) mantêm "1.330 serviços terceirizados com 337 Organizações da Sociedade Civil (OSC) com capacidade para atender cerca de 239.996 vagas, considerado uma das maiores redes socioassistenciais da América Latina".

Segundo a Smads, a gestão estatal mantém instalados "54 Centros de Referência de Assistência Social (Cras) destinados ao atendimento a famílias residentes em territórios que apresentem maior grau de vulnerabilidade social, 30 Centros de Referência Especializados de Assistência Social (Creas) e 6 Centros de Referência Especializados para População em Situação de Rua (Centro POP)".

A gestão estatal é realizada pelos dois níveis de proteção: a Proteção Social Básica por meio do Cras, que realiza a gestão, a referência e a contrarreferência da rede socioassistencial e a Proteção Social Especial Creas e Centro Pop que realizam a gestão, a referência e a contrarreferência da rede socioassistencial em seu território.

A execução dos Serviços de Proteção e Atendimento Integral à Família (Paif) que deveria ser executado pela municipalidade na cidade de São Paulo é garantido por meio de uma modalidade terceirizada denominada de Serviço de Assistência Social à Família e Proteção Social Básica no Domicílio (Sasf).

Parte significativa da rede de serviços socioassistenciais da proteção social básica é denominada Serviço de Convivência e Fortalecimento de Vínculos (SCFV). São serviços complementares ao Paif, que possui várias modalidades em contraturnos à educação, como: Centro para Crianças e adolescentes (CCA)[84] e Centros para Juventude (CJ)[85] ambos discutidos no decorrer da pesquisa, pois são serviços de medidas preventivas ao trabalho infantil e outras situações.

Não se deve deixar de mencionar que após a Tipificação da Rede Socioassistencial e da Regulação de parcerias da política de assistência social conforme as portarias 46/Smads/2010 e portaria 47/Smads/2010, a Smads estabeleceu as normas de operacionalização e funcionamento dos serviços por meio da Nota Técnica dos Serviços Socioassistenciais

---

[84] Centro para Crianças e Adolescentes (CCA) é um Serviço que desenvolve atividades com crianças e adolescentes de 6 e 14 anos e onze meses, tendo por foco a constituição de espaço de convivência a partir dos interesses, demandas e potencialidades dessa faixa etária. As intervenções devem ser pautadas em experiências lúdicas, culturais e esportivas como formas de expressão, interação, aprendizagem, sociabilidade e proteção social. Deve atender crianças e adolescentes com deficiência, retiradas do trabalho infantil e/ou submetidas a outras violações de direitos, com atividades que contribuam para ressignificar vivências de isolamento, bem como propiciar experiências favorecedoras do desenvolvimento de sociabilidades e prevenção de situações de risco social. Cf.: SÃO PAULO. Portaria Secretaria Municipal de Assistência e Desenvolvimento Social - Smads n.º 46, de 22 de dezembro de 2010. Dispõe sobre a tipificação da Rede Socioassistencial do município de São Paulo e a regulação de parceria operada por meio de convênios. **Diário Oficial da Cidade**, São Paulo, 15 fev. 2011. Disponível em: https://www.prefeitura.sp.gov.br/cidade/secretarias/upload/assistencia_social/arquivos/portarias/portaria_46-2010.pdf. Acesso em: 15 jun. 2023.

[85] Centro para Juventude (CJ) é um serviço de Desenvolvimento de atividades com adolescentes de 15 e 17 anos e onze meses, tendo por foco a constituição de espaço de convivência, a partir dos interesses, demandas e potencialidades dessa faixa etária. As intervenções devem ser pautadas em experiências lúdicas, culturais e esportivas, como formas de expressão, interação, aprendizagem, sociabilidade e proteção social. Deve atender, prioritariamente, adolescentes com deficiência, egressos do trabalho infantil e/ou submetidos a outras violações de direitos, cujas atividades contribuam para ressignificar vivências de isolamento, bem como propiciar experiências favorecedoras do desenvolvimento de sociabilidades e prevenção de situações de risco social. Cf.: *Ibid.*

tipificados de Proteção Básica. Este instrumento subsidia as organizações parceiras e os trabalhadores sociais como executar os serviços e oferece os parâmetros técnicos.

Estes parâmetros técnicos demonstram a forma de avaliação do serviço, o planejamento participativo e oferece parâmetros metodológicos participativos, atribuições dos quadros de recursos humanos e a realização das atividades.

É responsabilidade do Centro de Referência Especializado de Assistência Social (Creas)[86] a execução do Serviço de Atendimento Especializado a Famílias e Indivíduos (Paefi), mas, na realidade, o Paefi é realizado de forma terceirizada por meio da execução do Núcleo de Proteção Jurídico Social e Apoio Psicológico (NPJ).

Já o Serviço Especializado de Abordagem Social às Pessoas em situação de Rua (Seas), entendemos ser a abordagem contínua e dialógica com as pessoas em situação de rua, considerado como braço do Creas e/ou Centro POP. Vale ressaltar que os serviços ofertados pelas estatais são considerados uma releitura da Resolução 109/2009 do (Cnas) pelas portarias mencionadas que tipifica toda a Rede Socioassistencial.

Conforme dispõe o Plano de Assistência Social da Cidade de São Paulo (Plas, 2018-2021), a Smads, propõe uma "política de assistência social que se materializa na articulação de suas três funções: proteção social, defesa e vigilância socioassistencial. Os serviços socioassistenciais devem se fundamentar neste tripé e concretizá-lo em sua prática cotidiana".

---

[86] Centro de Referência Especializado de Assistência Social – (Creas) é uma unidade pública onde se ofertam serviços especializados e continuados às famílias e indivíduos nas diversas situações de violação de direitos, na perspectiva de potencializar e fortalecer sua função protetiva. Como unidade de referência deve promover a integração de esforços, recursos e meios, articular os serviços de média complexidade, operar a referência e a contrarreferência com a rede de serviços socioassistenciais da proteção social básica e especial, com as demais políticas públicas setoriais e com os órgãos do Sistema de Garantia de Direitos e funcionar em estreita articulação com o Poder Judiciário, Ministério Público, Defensoria Pública, Conselhos Tutelares e outras organizações de defesa de direitos, no intuito de estruturar uma rede efetiva de proteção social. O Creas oferta acompanhamento técnico especializado desenvolvido por equipe multiprofissional de modo a potencializar a capacidade de proteção da família e favorecer a reparação da situação de violência vivida. A equipe técnica; deve ter acesso aos prontuários e relatórios dos casos atendidos, garantindo o comando e gestão estatal. Para tanto, suas atribuições devem assegurar: a execução dos protocolos de encaminhamento de referência e contrarreferência com a rede de serviços socioassistenciais, de políticas intersecretariais e intersetoriais; a realização de reuniões mensais de coordenação técnica de monitoramento e avaliação com as executoras do serviço; o acesso aos prontuários e aos Planos Individual de Atendimento - PIA dos usuários; a proposição de estudos de casos em conjunto com a executora, principalmente aqueles com maior dificuldade de adesão à proposta de trabalho; a articulação com Sistema de Garantia de Direitos; a inclusão no Cadastro Único; a articulação com o Cras para inserção na rede socioassistencial da Proteção Social Básica quando for o caso; a inserção na rede socioassistencial de Proteção Social Especial e nos programas de transferência de renda quando for o caso; e o acompanhamento às visitas domiciliares quando necessário.

A proteção social tem um escopo fundamental na oferta de "ações, cuidados, atenções, benefícios e auxílios garantidos pelo Suas para redução dos riscos pessoais e sociais e demais vulnerabilidades diversas", mantém:

> Ofertas materiais e de construção coletiva de saberes e práticas devem assegurar proteção à população vulnerabilizadas decorrentes de fatores econômicos, etários, raciais, de origem, de gênero, de orientação sexual e do acesso precário ou nulo aos serviços e políticas públicas. Tais vulnerabilidades podem ter um caráter material, concernente às necessidades objetivas do indivíduo, ou relacional, afetas a necessidades subjetivas associadas à fragilização de vínculos afetivos e de pertencimento social. Nesse sentido, o foco da proteção social é estendido do indivíduo àqueles que o cercam na família, na comunidade e na sociedade, motivo pelo qual a convivência é uma de suas estratégias primordiais. (Plas, 2018-2021, p. 10)

A defesa dos direitos tem um papel importante em:

> [...] reafirmar o protagonismo do cidadão em sua posição de sujeito de direitos, promovendo ações pautadas pela dignidade, autonomia e suporte na construção de seus projetos de vida". Cabendo aos serviços socioassistenciais promoverem acesso aos direitos e apoiarem a superação e reparação das violações dos direitos. (Plas, 2018-2021, p. 10)

E a vigilância socioassistencial, "identifica e busca compreender o agravamento das vulnerabilidades que afetam os territórios e os cidadãos"

> As informações produzidas nos serviços socioassistenciais reunidas, sistematizadas e conjugadas a outros dados e estatísticas fornecem elementos essenciais para o conhecimento da realidade dos territórios e das famílias que neles habitam e fundamentam o planejamento das ações e atividades da política municipal de assistência social. (Plas, 2018-2021, p. 11)

Com a perspectiva de concretizar as funções previstas no artigo 4º da NOB/SUAS/2012 e:

> afiançar as seguranças para os cidadãos, a política de assistência social de São Paulo prevê uma articulação entre seus equipamentos de referência (Cras, Creas e Centros Pop), benefícios socioassistenciais e uma rede de serviços de convívio, acolhimento, defesa, abordagem e prontidão.

O recorte da pesquisa está situado no Seas Pinheiros e no Sasf Capão Redondo.

Portanto, a escolha da pesquisa se deu em Pinheiros com desdobramentos em Capão Redondo.

Quadro 9 – Das instituições (Seas)

N.º	SAS	OSC	Tipo de Serviço	Modalidade	Total de Vagas no Período	Nome Fantasia
01	Butantã	Instituto Pilar	Seas - Serviço Especializado de Abordagem Social às Pessoas em Situação de Rua	Seas I e II - Serviço Especializado de Abordagem Social às Crianças, Adolescentes e Adultos em Situação de Rua - Seas Misto	140	Seas Butantã
02	Campo Limpo	Instituto Pilar	Seas - Serviço Especializado de Abordagem Social às Pessoas em Situação de Rua	Seas I e II - Serviço Especializado de Abordagem Social às Crianças, Adolescentes e Adultos em Situação de Rua - Seas Misto	150	Seas Campo Limpo
03	Capela do Socorro	Instituto Pilar	Seas - Serviço Especializado de Abordagem Social às Pessoas em Situação de Rua	Seas I e II - Serviço Especializado de Abordagem Social às Crianças, Adolescentes e Adultos em Situação de Rua - Seas Misto	150	Seas Capela do Socorro
04	Casa Verde	Instituto Pilar	Seas - Serviço Especializado de Abordagem Social às Pessoas em Situação de Rua	Seas I e II - Serviço Especializado de Abordagem Social às Crianças, Adolescentes e Adultos em Situação de Rua - Seas Misto	240	Seas Misto Casa Verde

N.º	SAS	OSC	Tipo de Serviço	Modalidade	Total de Vagas no Período	Nome Fantasia
05	Cidade Ademar	Instituto Pilar	Seas - Serviço Especializado de Abordagem Social às Pessoas em Situação de Rua	Seas I e II - Serviço Especializado de Abordagem Social às Crianças, Adolescentes e Adultos em Situação de Rua - Seas Misto	150	Seas Cidade Ademar
06	Itaquera	Instituto Pilar	Seas - Serviço Especializado de Abordagem Social às Pessoas em Situação de Rua	Seas I e II - Serviço Especializado de Abordagem Social às Crianças, Adolescentes e Adultos em Situação de Rua - Seas Misto	140	Seas I E II Itaquera
07	Aricanduva	Apoio - Associação de Auxílio Mútuo da Região Leste	Seas - Serviço Especializado de Abordagem Social às Pessoas em Situação de Rua	Seas I e II - Serviço Especializado de Abordagem Social às Crianças, Adolescentes e Adultos em Situação de Rua - Seas Misto	250	Seas Aricanduva
08	Ipiranga	Instituto Pilar	Seas - Serviço Especializado de Abordagem Social às Pessoas em Situação de Rua	Seas I e II - Serviço Especializado de Abordagem Social às Crianças, Adolescentes e Adultos em Situação de Rua - Seas Misto	140	Seas Ipiranga

N.º	SAS	OSC	Tipo de Serviço	Modalidade	Total de Vagas no Período	Nome Fantasia
03	Itaim Paulista	Instituto Pilar	Seas - Serviço Especializado de Abordagem Social às Pessoas em Situação de Rua	Seas I e II - Serviço Especializado de Abordagem Social às Crianças, Adolescentes e Adultos em Situação de Rua - SEAS Misto	180	Seas Itaim Paulista
10	Jabaquara	Instituto Pilar	Seas - Serviço Especializado de Abordagem Social às Pessoas em Situação de Rua	Seas I e II - Serviço Especializado de Abordagem Social às Crianças, Adolescentes e Adultos em Situação de Rua - Seas Misto	140	Seas
11	CPAS	Ascom – Associação Comunitária de São Mateus	Seas - Serviço Especializado de Abordagem Social às Pessoas em Situação de Rua	Seas III - Serviço de Apoio à Solicitação de Atendimento à Pessoa em Situação de Rua e Apoio a Emergência	100% das solicitações de abordagem atendidas	Seas 3 Ascom
12	Lapa	Instituto Pilar	Seas - Serviço Especializado de Abordagem Social às Pessoas em Situação de Rua	Seas I e II - Serviço Especializado de Abordagem Social às Crianças, Adolescentes e Adultos em Situação de Rua - Seas Misto	520	Seas Misto Lapa
713	Pinheiros	Instituto Pilar	Seas - Serviço Especializado de Abordagem Social às Pessoas em Situação de Rua	Seas I e II - Serviço Especializado de Abordagem Social às Crianças, Adolescentes e Adultos em Situação de Rua - Seas Misto	310	Seas Pinheiros

N.º	SAS	OSC	Tipo de Serviço	Modalidade	Total de Vagas no Período	Nome Fantasia
14	Sé	Ascom - Associação Comunitária de São Mateus	Seas - Serviço Especializado de Abordagem Social às Pessoas em Situação de Rua	Seas I e II - Serviço Especializado de Abordagem Social às Crianças, Adolescentes e Adultos em Situação de Rua - Seas Misto	2520	Seas misto Sé Liberdade – Cambuci
15	Sé	Ascom - Associação Comunitária de São Mateus	Seas - Serviço Especializado de Abordagem Social às Pessoas em Situação de Rua	Seas I e II - Serviço Especializado de Abordagem Social às Crianças, Adolescentes e Adultos em Situação de Rua - Seas Misto	1400	Seas Misto República, Bela Vista e Consolação
16	Sé	Ascom - Associação Comunitária de São Mateus	Seas - Serviço Especializado de Abordagem Social às Pessoas em Situação de Rua	Seas IV - Serviço Especializado de Abordagem Social às Pessoas na Rua e em Situação de Rua que fazem uso das ruas para o consumo abusivo de substâncias psicoativas em cenas de uso - fase 1	1000	Seas IV - Santa Cecília
17	Santana	Instituto Pilar	Seas - Serviço Especializado de Abordagem Social às Pessoas em Situação de Rua	Seas I e II - Serviço Especializado de Abordagem Social às Crianças, Adolescentes e Adultos em Situação de Rua - SEAS Misto	480	Seas Misto Santana/ Tucuruvi

N.º	SAS	OSC	Tipo de Serviço	Modalidade	Total de Vagas no Período	Nome Fantasia
18	Santo Amaro	Instituto Pilar	Seas - Serviço Especializado de Abordagem Social às Pessoas em Situação de Rua	Seas I e II - Serviço Especializado de Abordagem Social às Crianças, Adolescentes e Adultos em Situação de Rua - Seas Misto	460	Seas Misto Santo Amaro
19	Vila Mariana	Instituto Pilar	Seas - Serviço Especializado de Abordagem Social às Pessoas em Situação de Rua	Seas I e II - Serviço Especializado de Abordagem Social às Crianças, Adolescentes e Adultos em Situação de Rua - Seas Misto	140	Seas Misto Vila Mariana
20	Mooca	Instituto Pilar	Seas - Serviço Especializado de Abordagem Social às Pessoas em Situação de Rua	Seas I e II - Serviço Especializado de Abordagem Social às Crianças, Adolescentes e Adultos em Situação de Rua - Seas Misto	1020	Seas Mooca
21	Lapa	Ascom - Associação Comunitária de São Mateus	Seas - Serviço Especializado de Abordagem Social às Pessoas em Situação de Rua	Seas IV - Serviço Especializado de Abordagem Social às Pessoas na Rua e em Situação de Rua que fazem uso das ruas para o consumo abusivo de substâncias psicoativas em cenas de uso - fase 1	100	Seas IV Vila Leopoldina

N.º	SAS	OSC	Tipo de Serviço	Modalidade	Total de Vagas no Período	Nome Fantasia
22	Penha	Instituto Pilar	Seas - Serviço Especializado de Abordagem Social às Pessoas em Situação de Rua	Seas I e II - Serviço Especializado de Abordagem Social às Crianças, Adolescentes e Adultos em Situação de Rua - Seas Misto	140	Seas Penha
23	Vila Maria	Instituto Pilar	Seas - Serviço Especializado de Abordagem Social às Pessoas em Situação de Rua	Seas I e II - Serviço Especializado de Abordagem Social às Crianças, Adolescentes e Adultos em Situação de Rua - Seas Misto	240	Seas Vila Maria
24	Sé	Ascom - Associação Comunitária de São Mateus	Seas - Serviço Especializado de Abordagem Social às Pessoas em Situação de Rua	Seas I e II - Serviço Especializado de Abordagem Social às Crianças, Adolescentes e Adultos em Situação de Rua - Seas Misto	1500	Seas Santa Cecília /Bom Retiro
25	Perus	Instituto Claret - Solidariedade e Desenvolvimento Humano	Seas - Serviço Especializado de Abordagem Social às Pessoas em Situação de Rua	Serviço Especializado de Abordagem à Crianças, Adolescentes e Adultos em Situação de Rua - Seas I e II	140	Seas Perus
26	São Mateus	Ascom - Associação Comunitária de São Mateus	Seas - Serviço Especializado de Abordagem Social às Pessoas em Situação de Rua	Serviço Especializado de Abordagem às Crianças, Adolescentes e Adultos em Situação de Rua - Seas I e II	140	Seas Misto São Mateus

N.º	SAS	OSC	Tipo de Serviço	Modalidade	Total de Vagas no Período	Nome Fantasia
27	M' Boi Mirim	Instituto Pilar	Seas - Serviço Especializado de Abordagem Social às Pessoas em Situação de Rua	Serviço Especializado de Abordagem às Crianças, Adolescentes e Adultos em Situação de Rua - Seas I E II	140	Seas Misto M' Boi Mirim
28	Guaianases	Ser Especial - Associação Assistencial de integração ao trabalho	Seas - Serviço Especializado de Abordagem Social às Pessoas em Situação de Rua	Seas I e II - Serviço Especializado de Abordagem Social às Crianças, Adolescentes e Adultos em Situação de Rua - Seas Misto	240	Seas Guaianases I e II - Lalina Maria Sant'ana

Fonte: adaptado de Portal da Prefeitura do Município de São Paulo. São Paulo/Smads (São Paulo, 2023)

Quadro 10 – Das Instituições – Sasf

N.º	SAS	OSC	Tipo de Serviço	Total de Vagas no Período	Nome Fantasia
01	Aricanduva	Fundação Comunidade da Graça	Sasf - Serviço de Assistência Social à Família e Proteção Social Básica no Domicílio	1000	Sasf Formosa - Espaço da Comunidade I
02	Sé	Associação Cultural Nossa Senhora	Sasf - Serviço de Assistência Social à Família e Proteção Social Básica no Domicílio	1000	Sasf Nossa Senhora das Graças

N.º	SAS	OSC	Tipo de Serviço	Total de Vagas no Período	Nome Fantasia
03	Sé	União Brasileiro Israelita do Bem Estar Social Unibes	Sasf - Serviço de Assistência Social à Família e Proteção Social Básica no Domicílio	1000	Sasf Bom Retiro
04	Fregue-sia do Ó	ACTI - Ação Comuni-tária todos Irmãos	Sasf - Serviço de Assistência Social à Família e Proteção Social Básica no Domicílio	1000	Sasf Elisa Maria
05	Casa Verde	Centro Comunitá-rio Nossa Senhora Aparecida	Sasf - Serviço de Assistência Social à Família e Proteção Social Básica no Domicílio	1000	Sasf Cachoei-rinha
06	Campo Limpo	Associação Santa Cecília	Sasf - Serviço de Assistência Social à Família e Proteção Social Básica no Domicílio	1000	Sasf Campo Limpo
07	Penha	Centro Social Bom Jesus de Cangaíba	Sasf - Serviço de Assistência Social à Família e Proteção Social Básica no Domicílio	1000	Sasf Cangaíba
08	Campo Limpo	Associação Santa Cecília	Sasf - Serviço de Assistência Social à Família e Proteção Social Básica no Domicílio	1000	Sasf Capão Redondo I
09	Campo Limpo	Movimento Comuni-tário de Vila Remo	Sasf - Serviço de Assistência Social à Família e Proteção Social Básica no Domicílio	1000	Sasf Capão Redondo III

N.º	SAS	OSC	Tipo de Serviço	Total de Vagas no Período	Nome Fantasia
10	Cidade Ademar	Entidade de Promoção e Assistência Social Espaço Aberto	Sasf - Serviço de Assistência Social à Família e Proteção Social Básica no Domicílio	1000	Sasf Cidade Ademar III
11	Cidade Ademar	Entidade de Promoção e Assistência Social Espaço Aberto	Sasf - Serviço de Assistência Social à Família e Proteção Social Básica no Domicílio	1000	Sasf Cidade Ademar I
12	Cidade Ademar	GFWC Crê-Ser	Sasf - Serviço de Assistência Social à Família e Proteção Social Básica no Domicílio	1000	Sasf Cidade Ademar II
13	Capela do Socorro	Instituto Pilar	Sasf - Serviço de Assistência Social à Família e Proteção Social Básica no Domicílio	1000	Sasf Cidade Dutra I
14	Cidade Tiradentes	Moca - Movimento de Orientação à Criança e ao Adolescente	Sasf - Serviço de Assistência Social à Família e Proteção Social Básica no Domicílio	1000	Sasf Casa da Autonomia
15	Cidade Tiradentes	Moca - Movimento de Orientação à Criança e ao Adolescente	Sasf - Serviço de Assistência Social à Família e Proteção Social Básica no Domicílio	1000	Sasf Ubuntu - Casa da Humanidade
16	Capela do Socorro	Associação dos Moradores de Vila Arco-Íris – Amai	Sasf - Serviço de Assistência Social à Família e Proteção Social Básica no Domicílio	1000	Sasf Grajaú V

N.º	SAS	OSC	Tipo de Serviço	Total de Vagas no Período	Nome Fantasia
17	Capela do Socorro	Associação dos Moradores de Vila Arco-Íris – Amai	Sasf - Serviço de Assistência Social à Família e Proteção Social Básica no Domicílio	1000	Sasf Grajaú IV
18	Capela do Socorro	Instituto Anchieta Grajaú	Sasf - Serviço de Assistência Social à Família e Proteção Social Básica no Domicílio	1000	Sasf Grajaú III
19	Capela do Socorro	Serviços Assistenciais Senhor Bom Jesus dos Passos	Sasf - Serviço de Assistência Social à Família e Proteção Social Básica no Domicílio	1000	Sasf Grajaú II
20	Capela do Socorro	Centro Comunitário Jardim Autódromo	Sasf - Serviço de Assistência Social à Família e Proteção Social Básica no Domicílio	1000	Sasf Grajaú I
21	Itaquera	Fundação Comunidade da Graça	Sasf - Serviço de Assistência Social à Família e Proteção Social Básica no Domicílio	1000	Sasf Itaquera
22	Jabaquara	AME	Sasf - Serviço de Assistência Social à Família e Proteção Social Básica no Domicílio	1000	Sasf AME
23	Jaçanã/ Tremembé	Coordenação Regional das Obras de Promoção Humana – CROPH	Sasf - Serviço de Assistência Social à Família e Proteção Social Básica no Domicílio	1000	Sasf Jaçanã

N.º	SAS	OSC	Tipo de Serviço	Total de Vagas no Período	Nome Fantasia
24	São Miguel Paulista	Moca - Movimento de Orientação à Criança e ao Adolescente	Sasf - Serviço de Assistência Social à Família e Proteção Social Básica no Domicílio	1000	Sasf Jacuí Casa da Cidada-nia
25	Piri-tuba/ Jaraguá	Associação Aliança de Misericórdia	Sasf - Serviço de Assistência Social à Família e Proteção Social Básica no Domicílio	1000	Sasf Centro Maria Paola
26	M' Boi Mirim	Instituição Maria José Educar	Sasf - Serviço de Assistência Social à Família e Proteção Social Básica no Domicílio	1000	Sasf Jardim Ângela I
27	M' Boi Mirim	Social Bom Jesus	Sasf - Serviço de Assistência Social à Família e Proteção Social Básica no Domicílio	1000	Sasf Jardim Ângela II
28	M' Boi Mirim	Sociedade Santos Mártires	Sasf - Serviço de Assistência Social à Família e Proteção Social Básica no Domicílio	1000	Sasf Jardim Ângela IV
29	M' Boi Mirim	Sociedade Santos Mártires	Sasf - Serviço de Assistência Social à Família e Proteção Social Básica no Domicílio	1000	Sasf Jardim Ângela III
30	São Miguel Paulista	Moca - Movimento de Orientação à Criança e ao Adolescente	Sasf - Serviço de Assistência Social à Família e Proteção Social Básica no Domicílio	1000	Sasf Jardim Helena II - Casa da Con-quista

N.º	SAS	OSC	Tipo de Serviço	Total de Vagas no Período	Nome Fantasia
31	São Miguel Paulista	Associação Beneficente Irmã Idelfranca	Sasf - Serviço de Assistência Social à Família e Proteção Social Básica no Domicílio	1000	Sasf São Judas Tadeu
32	M' Boi Mirim	Movimento Comunitário de Vila Remo	Sasf - Serviço de Assistência Social à Família e Proteção Social Básica no Domicílio	1000	Sasf São Luiz II
33	M' Boi Mirim	Movimento Comunitário de Vila Remo	Sasf - Serviço de Assistência Social à Família e Proteção Social Básica no Domicílio	1000	Sasf Jardim São Luiz I
34	Itaquera	Ação Comunitária São José Operário	Sasf - Serviço de Assistência Social à Família e Proteção Social Básica no Domicílio	1000	Sasf José Bonifácio
35	Guaianases	Ascom - Associação Comunitária de São Mateus	Sasf - Serviço de Assistência Social à Família e Proteção Social Básica no Domicílio	1000	Ascom Sasf Lajeado
36	Santana	Centro de Orientação à Família – COR	Sasf - Serviço de Assistência Social à Família e Proteção Social Básica no Domicílio	1000	Sasf Dom Mário Gurgel
37	Parelheiros	Associação Beneficente Vivenda da Criança	Sasf - Serviço de Assistência Social à Família e Proteção Social Básica no Domicílio	1000	Sasf Vivenda da Criança

N.º	SAS	OSC	Tipo de Serviço	Total de Vagas no Período	Nome Fantasia
38	Pare-lheiros	Associação Probrasil	Sasf - Serviço de Assistência Social à Família e Proteção Social Básica no Domicílio	1000	Sasf Probrasil
39	Pare-lheiros	Centro de Obras Sociais Nossa Senhora das Graças da Capela do Socorro	Sasf - Serviço de Assistência Social à Família e Proteção Social Básica no Domicílio	1000	Sasf Conosco
40	Itaquera	Associação de Assis-tência Social Eny Vieira Machado	Sasf - Serviço de Assistência Social à Família e Proteção Social Básica no Domicílio	1000	Sasf Par-que do Carmo – Beato Luis Biraghi
41	Piri-tuba/Jaraguá	PAC - Projeto Amigos das Crianças	Sasf - Serviço de Assistência Social à Família e Proteção Social Básica no Domicílio	1000	Sasf Pirituba
42	Erme-lino Matara-zzo	Casa de Assistência Filadélfia	Sasf - Serviço de Assistência Social à Família e Proteção Social Básica no Domicílio	1000	Sasf Ponte Rasa
43	Butantã	Liga das Senhoras Católicas de São Paulo	Sasf - Serviço de Assistência Social à Família e Proteção Social Básica no Domicílio	1000	Sasf Raposo Tavares
44	Ipiranga	Unas - União de Núcleos, Associações dos Moradores de Heliópolis e Região	Sasf - Serviço de Assistência Social à Família e Proteção Social Básica no Domicílio	1000	Sasf Chico Mendes

N.º	SAS	OSC	Tipo de Serviço	Total de Vagas no Período	Nome Fantasia
45	Vila Pru-dente	Centro de Assistência Social e Formação Profissional "São Patrício"	Sasf - Serviço de Assistência Social à Família e Proteção Social Básica no Domicílio	1000	Sasf São Lucas
46	São Mateus	Associação Comuni-tária e Beneficente Padre José Augusto Machado Moreira	Sasf - Serviço de Assistência Social à Família e Proteção Social Básica no Domicílio	1000	Sasf São Rafael
47	Sapo-pemba	Comunidade Canti-nho da Paz	Sasf - Serviço de Assistência Social à Família e Proteção Social Básica no Domicílio	1000	Can-tinho da Paz Sapo-pemba III
48	Sapo-pemba	Comunidade Canti-nho da Paz	Sasf - Serviço de Assistência Social à Família e Proteção Social Básica no Domicílio	1000	Sasf Jardim Sinhá
49	Jaçanã/ Tre-membé	Associação de Mulhe-res Amigas de Jova Rural	Sasf - Serviço de Assistência Social à Família e Proteção Social Básica no Domicílio	1000	Sasf Tre-membé
50	Itaim Paulista	Clube de Mães do Parque Santa Rita	Sasf - Serviço de Assistência Social à Família e Proteção Social Básica no Domicílio	1000	Sasf Curuçá I
51	Itaim Paulista	Moca - Movimento de Orientação à Criança e ao Adolescente	Sasf - Serviço de Assistência Social à Família e Proteção Social Básica no Domicílio	1000	Sasf Curuçá - Casa da Família

N.º	SAS	OSC	Tipo de Serviço	Total de Vagas no Período	Nome Fantasia
52	São Miguel Paulista	Moca - Movimento de Orientação à Criança e ao Adolescente	Sasf - Serviço de Assistência Social à Família e Proteção Social Básica no Domicílio	1000	Sasf Jacuí- Casa da União
53	Vila Maria	Comunidade Educa-cional de Base Sítio Pinheirinho – Cebasp	Sasf - Serviço de Assistência Social à Família e Proteção Social Básica no Domicílio	1000	Sasf Comu-nidade em Foco - Vila Maria
54	Perus	Instituto Claret - Soli-dariedade e Desen-volvimento Humano	Sasf - Serviço de Assistência Social à Família e Proteção Social Básica no Domicílio	1000	Sasf Perus
55	Cidade Tira-dentes	Centro Comunitário Beneficente Conjunto Habitacional Castro Alves e Adjacentes – Cebech	Sasf - Serviço de Assistência Social à Família e Proteção Social Básica no Domicílio	1000	Sasf Cidade Tiraden-tes
56	São Mateus	Comunidade Educa-cional de Base Sítio Pinheirinho – Cebasp	Sasf - Serviço de Assistência Social à Família e Proteção Social Básica no Domicílio	1000	Sasf Comu-nidade em Foco - Igua-temi II
57	Itaim Paulista	Moca - Movimento de Orientação à Criança e ao Adolescente	Sasf - Serviço de Assistência Social à Família e Proteção Social Básica no Domicílio	1000	Sasf Curuçá - Casa da Evolução

N.º	SAS	OSC	Tipo de Serviço	Total de Vagas no Período	Nome Fantasia
58	Guaia-nases	Centro de Assistência Social e Formação Profissional "São Patrício"	Sasf - Serviço de Assistência Social à Família e Proteção Social Básica no Domicílio	1000	Sasf Guaia-nases Ciap
59	Itaim Paulista	Associação Benefi-cente Irmã Idelfranca	Sasf - Serviço de Assistência Social à Família e Proteção Social Básica no Domicílio	1000	Sasf São José Operário
60	Campo Limpo	Caritas Campo Limpo – CCL	Sasf - Serviço de Assistência Social à Família e Proteção Social Básica no Domicílio	1000	Sasf Parai-sópolis/ Vila Andrade
61	São Mateus	Comunidade Educa-cional de Base Sítio Pinheirinho – Cebasp	Sasf - Serviço de Assistência Social à Família e Proteção Social Básica no Domicílio	1000	Sasf Comu-nidade em Foco - Igua-temi I
62	Itaim Paulista	Associação Benefi-cente Irmã Idelfranca	Sasf - Serviço de Assistência Social à Família e Proteção Social Básica no Domicílio	1000	Sasf Nossa Senhora de Fátima
63	Guaia-nases	Centro de Assistência Social e Formação Profissional "São Patrício"	Sasf - Serviço de Assistência Social à Família e Proteção Social Básica no Domicílio	1000	Sasf Lajeado Ciap
64	São Mateus	Ascom - Associação Comunitária de São Mateus	Sasf - Serviço de Assistência Social à Família e Proteção Social Básica no Domicílio	1000	Sasf São Rafael II

N.º	SAS	OSC	Tipo de Serviço	Total de Vagas no Período	Nome Fantasia
65	Sé	Associação Cultural Nossa Senhora	Sasf - Serviço de Assistência Social à Família e Proteção Social Básica no Domicílio	1000	Sasf Zenita Nunes Araújo
66	Cidade Ademar	Social Bom Jesus	Sasf - Serviço de Assistência Social à Família e Proteção Social Básica no Domicílio	1000	Sasf Pedreira
67	Cidade Ademar	Entidade de Promoção e Assistência Social Espaço Aberto	Sasf - Serviço de Assistência Social à Família e Proteção Social Básica no Domicílio	1000	Sasf Pedreira
6.8	Cidade Ademar	Associação do Abrigo Nossa Senhora Rainha da Paz do Jardim Fim de Semana	Sasf - Serviço de Assistência Social à Família e Proteção Social Básica no Domicílio	1000	Sasf Rainha da Paz

Fonte: adaptado de Portal da Prefeitura do Município de São Paulo. São Paulo/Smads (São Paulo, 2023)

2.3 Trabalho infantil na região de Pinheiros e seus desdobramentos

Dados do portal da Prefeitura da Cidade de São Paulo aponta que na região oeste da cidade de São Paulo, a Subprefeitura de Pinheiros possui uma densidade demográfica de:

> 289.743 (duzentos e oitenta e nove mil e setecentos e quarenta e três) pessoas. O Bairro de Pinheiros é considerado o mais antigo da cidade de São Paulo constituído em 1562 ao longo do Rio Pinheiros, onde houve uma ponte para sua travessia. Em 1865 essa ponte, frequentemente destruída por enchentes, teve solução definitiva com a construção de outra, metálica. Pinheiros, atualmente, é um dos lugares

mais sofisticados da cidade de São Paulo, possuindo uma rede comercial grande e bastante diversa, além de uma vida cultural única. (PMSP, 2023)

Densidade demográfica de Pinheiros e seus distritos

Figura 6 – Densidade demográfica

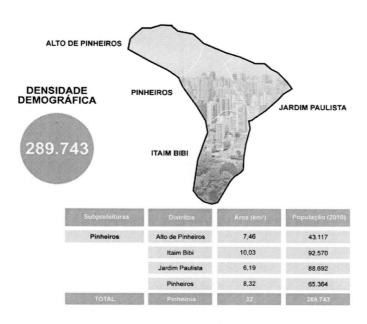

Fonte: dados obtidos no portal da Prefeitura da Cidade de São Paulo (2023)

Segundo entrevista realizada no Serviço Especializado de Abordagem Social – (Seas), os distritos Pinheiros, Alto de Pinheiros, Itaim Bibi, Jd. Paulista possuem uma média de aproximadamente 160 crianças e adolescentes em situação de trabalho infantil. Destas, 120 são crianças e 40 são adolescentes, sendo que 90 são do sexo masculino e 70 são do sexo feminino.

A seguir, a quantidade de crianças e adolescentes em situação de trabalho infantil em Pinheiros.

Figura 7 – Dados obtidos por entrevistas realizadas no Seas Pinheiros

Fonte: elaborada pelo autor

O Serviço Especializado de Abordagem Social (Seas), aponta que, nos meses de janeiro a abril de 2023, há uma permanência de 152 famílias em situação de trabalho infantil. Dados obtidos por abordagens realizadas demonstram que as famílias estão distribuídas nas ruas dos distritos com 265 crianças e adolescentes. No quadro a seguir apresentamos os pontos de concentração de trabalho infantil, de acordo com a pesquisa de campo.

Quadro 11 – Pontos de concentração de trabalho infantil (jan. a abr. 2023)

Pontos de concentração / Ruas	Quantidade
☑ **ALTO DE PINHEIROS**	
Pça. São Gonçalo	1
Av. São Gualte	9
Rua Arquiteto Jaime Fonseca Rodrigues	5
Pça. Pan Americana	6
Total distrito (Alto de Pinheiros)	21

Pontos de concentração / Ruas	Quantidade
☑ **JD. PAULISTA**	
Av. Paulista	11
Rua Oscar Freire	15
Rua Pamplona	12
Alameda Ministro Rocha Azevedo	1
Rua Augusta	1
Av. Brasil	10
Av. Nove de julho	47
Rua Venezuela	1
Rua Colômbia	2
Alameda Santos	4
Total distrito (Jd. Paulista)	104
☑ **PINHEIROS/ VL MADALENA**	
Teodoro Sampaio x Mourato coelho	20
Rua dos Pinheiros	7
Largo da Batata	15
Av. Henrique Schaumann	1
Rua Simão Álvares	2
Rua Aspicuelta	3
Total distrito (Pinheiros)	48
☑ **ITAIM BIBI**	
Av. Brigadeiro. Faria Lima	20
Av. Juscelino Kubitschek	25
Rua Clodomiro Amazonas	9
Rua Hélio Pelegrino	9

Pontos de concentração / Ruas	Quantidade
Rua Fiandeiras	2
Rua Pedroso Alvarenga	3
Viaduto Sto. Amaro	12
Rua Ribeiro do Vale	6
Rua Prof. Atílio Innocenti	1
Rua Santa Justina	5
Total distrito (Itaim Bibi)	92

Fonte: adaptado de Seas Pinheiros[87]

Figura 8 – Situação de trabalho infantil por distrito

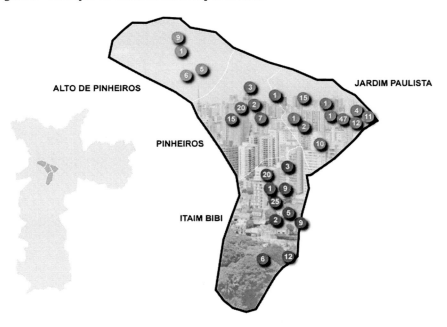

Fonte: dados obtidos em entrevista realizada no Seas Pinheiros

---

[87] Pontos de Concentração de abordagens realizadas entre janeiro e abril de 2023 pelo Serviço Especializado de Abordagem Social – Seas I e II – Pinheiros.

Pinheiros é um distrito de classe média alta escolhido pelas crianças e adolescentes para realização do trabalho infantil pelo fato de ser localidade de alto padrão.

Segundo o Mapa das Desigualdades de 2021 da Rede Nossa São Paulo, os moradores de áreas nobres da cidade de São Paulo vivem em média 22 anos a mais que os da periferia. A população parda e preta que reside em Pinheiros é de 11,1%, e quando comparamos com a periferia de Capão Redondo está evidente uma população preta de 53,9%, com 52,2% de mulheres, 10,59% de população infantil, sendo que 21,46% residem em favelas. São dados que revelam a pobreza e que demonstram o porquê estas crianças e adolescentes realizam a prática do trabalho infantil.

O entrevistado A1 tem como atividade a execução das abordagens como principais medidas protetivas que ocorrem por meio da vigilância dos pontos de concentração.

Além desta vigilância, ocorrem os acompanhamentos dos casos encontrados e a efetivação dos encaminhamentos para a rede socioassistencial. Situações recorrentes que fazem parte do Sistema de Garantia de Direitos das Crianças e Adolescentes (SGDCA).

O entrevistado A1 afirma que há predominância destas crianças e adolescentes nas regiões periféricas, onde não há recursos, ou existem recursos limitados. São periferias onde a extrema pobreza está evidente (M' Boi Mirim, Capão Redondo, Campo Limpo, Grajaú, Paraisópolis, Real Parque, São Miguel Paulista, São Mateus, Pirituba e a cidade de Osasco). A linha da Companhia Paulista de Trens Metropolitanos (CPTM), garante a acessibilidade de Osasco a Pinheiros. O entrevistado A1 aponta que: *"Descobrimos que os territórios de onde eles vêm não têm recurso ou o recurso que tem é limitado. Prevalece a questão socioeconômica mesmo".*

Nas ruas e grandes avenidas de Pinheiros e de seus distritos são encontrados crianças e adolescentes em situação de mendicância, em geral com variações de trabalho infantil, realizando a venda de balas nos semáforos, por exemplo.

Na entrevista, o entrevistado A1 menciona que as crianças e adolescentes em situação de trabalho infantil em Pinheiros reproduzem e repetem o cotidiano de trabalho dos pais.

> *Repetem o fazer da família, a hereditariedade, por dificuldade de conseguir trabalho formal, transfere-se esta responsabilidade. São crianças de colo que dependem dos pais, estão na primeira*

infância, são pequenos, começaram a entrar na escola, então eles vêm com a famílias. Estão imitando o que as famílias fazem e são a reprodução delas.

No campo educacional demonstram atrasos na vida escolar, ou déficit de aprendizagem, bem como apresentam problemas de saúde, por passar muito tempo expostos as diversas condições climáticas, e acidentes, provocados por transitarem em meio aos carros, nos faróis. Além dos graves problemas de saúde que estão expostos como: atropelamento, violências, drogas, assédio sexual, tráfico de pessoas e condições climáticas (chuva, frio, calor), o entrevistado A2 diz que:

São crianças que estão na fase escolar: CEI, EMEI, EMEF, que percebemos nas atividades lúdicas com dificuldade de alfabetização, estão bem atrasadas. Não estão inseridas em contraturno porque justamente, estão nas ruas, não estão em CCA. São crianças que percebemos uma questão de saúde, têm problemas nos dentes". Algumas sofreram acidentes de atropelamento, são crianças que estão com a garantia de direitos realmente comprometidas.

No ano de 2020 com a prevenção e distanciamento social provocados pela pandemia Covid-19, houve o fechamento das escolas públicas, o crescimento da pobreza, da fome e, consequentemente, o índice de crianças em situação de trabalho infantil aumentou na capital paulistana. Segundo a Unicef, a incidência do trabalho infantil era de 17,5 mil antes da pandemia, e passou a 21,2 mil.

Pesquisa verificou dados de situação de renda e trabalho infantil com mais de 52 mil famílias e enfatiza crescimento de 26% de trabalho infantil em São Paulo durante a pandemia.

Segundo Sposati (2020, p. 9), a pandemia da Covid -19 está demonstrando mundialmente, e às vistas largas, que o direito de respirar é universal e democrático e, o direito à vida humana é maior do que o direito à propriedade.

Na pandemia da Covid-19, houve uma intensificação do crescimento do trabalho por meio da uberização. Foi um período marcado também por normas que determinavam o isolamento social paralelamente com avassalador crescimento de empresas que realizavam entregas (*delivery*), em domicílio, tornando visível o aumento do trabalho infantil, evidenciados por adolescentes nas entregas de alimentos prontos, medicamentos e demais produtos, como diz Antunes:

> Em 2019, uma massa - em constante expansão – de mais de cinco milhões de trabalhadores e trabalhadoras experimentava as condições de uberização do trabalho em aplicativos e plataformas digitais, algo até recentemente saudado como parte do maravilhoso mundo do trabalho digital, com suas "novas modalidades" de trabalho online, recepcionando seus novos "empreendedores". (Antunes, 2022, p. 16)

O entrevistado A1 afirma que na pandemia não houve aumento da demanda de crianças e adolescentes em situação de trabalho infantil em Pinheiros:

> *[...] no nosso território, não!! As mães tinham medo de trazer seus filhos para a rua, vinham às vezes, ao contrário, aqui houve uma queda. É estranho quando o território afirma que aumentou, por que os adultos sim, por que não tinham o que comer, não tinham para onde ir e vinham para as ruas.*

Não encontrar os adolescentes em situação de trabalho deve-se ao fato de o período pandêmico ter potencializado o crescimento da utilização de outras ferramentas tecnológicas, abrindo outras possibilidades como as entregas realizadas por bicicletas e demais trabalhos realizados por aplicativos ou sites *e-commerce*, o tráfico de drogas e o trabalho doméstico realizado pelas adolescentes, são atividades que os tornam invisíveis.

> A tendência, visível bem antes da explosão da pandemia, era clara: redução do trabalho vivo com a substituição das atividades tradicionais por ferramentas automatizadas e robotizadas, sob o comando informacional digital. (Antunes, 2022, p. 25)

Para Antunes (2022), "[...] o avanço informático digital é um relógio que não para de rodar, sua destrutividade se intensifica a cada momento, tornando a força de trabalho global cada vez mais descartável e supérflua".

Esta destrutividade mencionada por Antunes está evidente nas diversificadas formas e situações cotidianas destas crianças e adolescentes, algo estrondoso que merece cuidados.

Em sua maioria, as crianças e adolescentes, encontrados na área de abrangência de Pinheiros, são de origem da Subprefeitura de Campo Limpo, do distrito de Capão Redondo, localizado no extremo sul da cidade de São Paulo.

Segundo o portal da Prefeitura de São Paulo, Capão Redondo é um distrito pertencente à Subprefeitura de Campo Limpo[88] e faz parte do extremo da região sul, onde estão um dos maiores bolsões de pobreza.

Fazendo um recorte específico do campo de estudo e de acordo com "Exercícios de leitura Urbana: Capão Redondo", no 1.º semestre de 2020, Capão Redondo é apontado como o 5.º distrito mais populoso da cidade de São Paulo, com cerca de 275 mil habitantes (Checa, Bledl, Hyppolito, Antoine, Catto, 2020, p. 34).

É percebível a ausência do Estado e de políticas públicas no Capão Redondo. A vulnerabilidade socioeconômica, a pobreza e a extrema pobreza estão presentes em 83 mil favelas, com aproximadamente 29.000 (vinte e nove mil) domicílios no total (Checa, Bledl, Hyppolito, Antoine, Catto, 2020, p. 10).

Os dados do quadro a seguir nos mostram dez famílias em situação de trabalho infantil nos bairros de Capão Redondo, no mês de janeiro de 2023, um número significativo. Foi partindo destes dados apresentados pelos Entrevistados A1 e A2, ou seja, a partir destes levantamentos de origem, que se deu a escolha do entrevistado B1, no Capão Redondo.

Quadro 12 – Crianças e adolescentes encontradas em Pinheiros com origem em Capão Redondo

FAMÍLIA (MÃE RESPONSÁVEL)	SUBPREFEITURA	BAIRROS	Cras	N.º CÇAS/ ADOL DEZ-2022	N.º CÇAS/ ADOL JAN-2023	N.º CÇAS/ ADOL FEV-2023
	Campo limpo	Campo limpo	Campo limpo	02	01	0

---

[88] [125]No ano de 1950 havia muitas fazendas, chácaras, olarias, uma capela católica, casas residenciais, além do colégio secundário fundado pelos Adventistas no ano de 1915. No início era apenas um ponto de encontro de moradores dos bairros mais centrais da cidade de São Paulo. Frequentemente esses moradores visitavam a região do Capão redondo nos finais de semana atraídos pela facilidade de caçar, pescar e passar um dia de descanso em um lugar sem poluição, ao lado de córregos com água limpa e calma. O nome Capão Redondo surge, segundo antigos moradores de Guavirituba (antigo nome de origem indígena). Os visitantes procuravam um local onde pudessem carpir o mato e levantar acampamento, e isso era sempre em formato arredondado, ao perceberem começaram a chamar o local de capão redondo, como ponto de referência aos que chegassem. História de Capão Redondo. SÃO PAULO. Subprefeitura Campo Limpo. **Histórico do Campo Limpo**. São Paulo: PMSP, 27 maio 2023. Disponível em: https://www.prefeitura.sp.gov.br/cidade/secretarias/subprefeituras/campo_limpo/historico/index.php?p=131. Acesso em: 27 maio 2023.

FAMÍLIA (MÃE RESPONSÁVEL)	SUBPRE-FEITURA	BAIRROS	Cras	N.º CÇAS/ ADOL DEZ-2022	N.º CÇAS/ ADOL JAN-2023	N.º CÇAS/ ADOL FEV-2023
	Campo Limpo	Vila Andrade	Vila Andrade	03	03	0
	Campo limpo	Valo Velho	Capão Redondo	0	0	01
	Campo Limpo	Valo Velho	Capão Redondo	0	0	0
	Campo limpo	Jd. Dom José	Capão Redondo	0	0	02
	Campo Limpo	Valo Velho	Capão Redondo	01	01	01
	Campo limpo	Jd. Dom José	Capão Redondo	03	03	02
	Campo Limpo	Jd. Dom José	Capão Redondo	02	04	04
	Campo limpo	Capão Redondo	Capão Redondo	03	03	03
	Campo Limpo	Jd. Dom José	Capão Redondo	03	03	03
	Campo limpo			0	0	0
10 FAMÍLIAS		05 BAIRROS	03 Cras	17	18	16

Fonte: adaptado pelo autor a partir dados repassados por entrevista no Seas I e II Pinheiros

Capão Redondo possui uma densidade demográfica com 296.378 habitantes, composto por 62 bairros, segundo dados do estudo físico urbanístico de 2020 da USP.

Figura 9 – Densidade demográfica de Capão Redondo

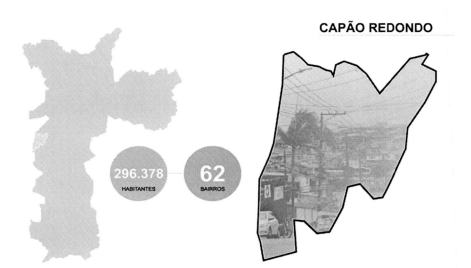

Fonte: dados obtidos no Portal da PMSP (São Paulo, 2023), elaborado pelo autor

Com a chegada do metrô no distrito de Capão Redondo, algumas atividades foram se intensificando, devido ao aumento do fluxo de carros, e de passageiros, possibilitando a acessibilidade de diversas atividades, inclusive a atração de comércio ilegal, venda de produtos e trabalho executado por famílias com suas crianças de colo, ou seja, a exploração do próprio trabalho infantil. Estas são as atividades encontradas no distrito de Capão Redondo. Em entrevista, o entrevistado B1 apontou que "[...] *lava-rápido, 'tráfico', trabalho doméstico, reciclagem, venda de balas, entregadores de bicicleta, bares familiares e mendicância"*.

Os lava-rápidos são espaços improvisados, geralmente encontrados em grandes números nas periferias. Cada lavagem de carro gira em torno de 50 reais e, em sua maioria, o trabalho é realizado por crianças e adolescentes. São, majoritariamente, escondidos em estacionamentos e aos fundos dos postos de gasolina.

O tráfico de drogas realizado por crianças e adolescentes é considerado uma das piores formas de trabalho infantil, que explora a força de trabalho de "aviãozinhos", recrutados para denunciar a chegada da polícia, tornando-se uma forma de trabalho que causa a exposição destas crianças e adolescentes. Além da exposição também é uma forma de trabalho oculta, quando o movimento é realizado do lado de fora do portão de sua residência. O entrevistado B1 relata que:

> [...] a maior parte do tráfico acontece nas comunidades e o menino acaba ficando muito exposto, tão exposto que pode nem estar traficando, mas, se houver uma batida policial, eles não vão segurar a onda e as famílias conhecem esta complexidade, mas acham que nunca irá acontecer.

As piores formas de trabalho infantil classificadas pela Convenção n.º 182 também são mencionadas pela entrevistada B, como: tráfico de drogas, exposição por vendas de produtos, exploração sexual é uma forma oculta de trabalho, a exposição destas crianças e adolescentes em adegas e bares os aproxima de drogas lícitas. Segundo reportagem da Rede Peteca realizada à Bianca Pyl, o trabalho no tráfico provoca a:

> Exposição à violência policial e ao crime. Essas são algumas das características do trabalho no tráfico a que estão expostos adolescentes em São Paulo. Apesar de ser considerado uma das **Piores Formas de Trabalho Infantil (Lista TIP)**, regulamentada por meio do Decreto nº 6.481/2008, a atuação de adolescentes no tráfico de drogas, em geral, não é considerada como trabalho infantil pela Justiça brasileira, e sim como crime. (PYL, [2018])

Para o entrevistado B1:

> Lucas estava em Pinheiros e a polícia o pegou, estava trabalhando no tráfico e foi pego com muita droga, a mãe não soube explicar se ele estava levando, se estava vendendo. O fato é que este adolescente tem 17 anos, prestes a completar 18 anos, foi preso e não sabíamos deste movimento.

O entrevistado B1 afirma: "[...] a presença do menino é maior no trabalho, quase braçal e o próprio tráfico também fica com os menino".

Não é porque as meninas pouco aparecem que não estejam inseridas no trabalho infantil. No caso delas, a invisibilidade ocorre por estar encoberta nas comunidades como atividades domésticas.

O trabalho realizado pelas meninas, segundo os entrevistados, é mais visível quando ocorre as visitas domiciliares nas periferias e nas ocupações, ou seja, nas próprias relações familiares. Para o entrevistado

B "[...] *as meninas estão alocadas no trabalho doméstico, é comum ir à residência na comunidade ou na ocupação e as meninas entre 12 e 15 anos estarem cuidando dos irmãos menores".*

As meninas acabam se submetendo a diversos riscos ao executarem o trabalho doméstico: violência doméstica[89], trabalho noturno, casos de abuso sexual, físico, psicológico, calor, exposição ao fogo, acidentes domésticos e movimentos repetitivos. Para OIT, o trabalho doméstico é conceituado como:

> As (Os) trabalhadoras(es) domésticas(os) representam uma parte significativa da força de trabalho global no emprego informal e estão entre os grupos de trabalhadoras(es) vulnerabilizadas/os. Elas(es) trabalham para casas de família, muitas vezes sem termos claros de emprego, sem registro formal e excluídas(os) do âmbito da legislação trabalhista. O trabalho doméstico representa o núcleo duro do déficit de Trabalho Decente no Brasil e no Mundo. (OIT, 2021)

Segundo a Organização Internacional do Trabalho (OIT), no trabalho doméstico é preponderante o perfil do sexo feminino. Isto não quer dizer que o sexo masculino está isento de tal tipologia:

> O trabalho doméstico infantil em casa de terceiros é uma das formas mais comuns e tradicionais de trabalho infantil, sendo caracterizado por todas as atividades econômicas realizadas por pessoas abaixo de 18 anos fora de sua família nuclear e pelas quais elas podem ou não receber alguma remuneração. A maioria do trabalho doméstico infantil é realizado por meninas, que levam uma vida de adulto prematuramente, trabalhando muitas horas diárias em condições prejudiciais à sua saúde e desenvolvimento, por salários baixos ou em troca de habitação e educação. (OIT, 2017)

O entrevistado B1 afirma que "[...] *crianças de ocupação, as crianças pretas, as crianças das comunidades são as que menos possuem garantias, visto que estão na rua, parece que são crianças que não tem direito e nem mesmo proteção".*

---

[89] Violência Doméstica – Lei 11.340/2006 – Lei Maria da Penha – Lei de proteção a todas as pessoas que se identificam com o gênero feminino e que sofram violência em razão desse fato – conforme o parágrafo único do art. 5.º da lei, a violência doméstica e familiar contra a mulher pode se configurar independentemente de orientação sexual. Inclusive, alguns tribunais de justiça já aplicam a legislação para mulheres transexuais.

Catadores de materiais recicláveis é mais um tipo de trabalho trazido pelo entrevistado B1, também incentivado pela mídia e por grandes empresas como aproveitamento de descartáveis. Crianças e adolescentes passam noites em frente a bares, restaurantes, casas de espetáculo, mercados e até lixões esperando descartarem os lixos para catarem as latinhas, papelões, garrafas de vidros, para Ferraz *et al.* (2012, p. 655) "De alguma forma, crianças pobres sempre trabalharam para manterem a si e suas famílias".

A pandemia da Covid-19 impactou nas diversificadas atividades realizadas por adolescentes por meio de aplicativos, utilizando bicicletas para realização de entregas nos domicílios, onde a manutenção do distanciamento fez crescer a demanda destas entregas em domicílio.

> Uberização do trabalho, distintos modos de ser da informalidade, precarização ilimitada, desemprego estrutural exacerbado, trabalhos intermitentes em proliferação, acidentes, assédios, mortes e suicídios: eis o mundo do trabalho que se expande e se desenvolve na era informacional, das plataformas digitais e dos aplicativos. (Antunes, 2022, p. 20)

Estes vínculos comunitários e familiares são muitos, mas fortalecidos quando as crianças e adolescentes estão dentro do negócio familiar como nas adegas e bares. Mesmo assim, deveriam estar na escola e não nesses espaços próximos às piores formas de drogas lícitas. O entrevistado B1 aponta que:

> *[...] os motivos que levam estes meninos a estarem no trabalho ilícito ou lícito, tem a mãe que não vê problemas no filho estar trabalhando em uma Adega. Não deveria estar em lugar nenhum, em uma Adega é pior pois é muito contato com o álcool, com o ilícito também porque dentro das comunidades acontecem estes movimentos.*

Graciani (1999, p. 26) afirma que: "[...] famílias pobres expõem seus filhos, inferindo-se que estas não alcançam níveis de subsistência que permitam manter seus próprios filhos".

Mendicância é a forma de trabalho exercida que se encontra em diferentes lugares, dentro do ônibus, nas ruas com cartazes feitos em papelões pedindo doações, nos trens, nos metrôs, nos terminais de ônibus, em frente às igrejas, nas praças. Geralmente a mendicância é acompanhada por atividades como vendas de balas, rodinho, malabares ou simplesmente pedir.

As crianças e adolescentes utilizam como estratégias fantasias, vestimentas e ao se transvestir, ao se maquiar tentam esconder além da idade, as dificuldades enfrentadas no cotidiano.

> Quando o semáforo fica vermelho para os carros, eles sobem em bancos no meio da avenida. Cones voam. Tochas de fogo acesas em querosene, fazem um desenho nas alturas. A rua vira palco. (Ribeiro, p. 16)

As crianças e adolescentes que possuem o mínimo de condições, de forma invisível e/ou ociosa, que ficam por momentos trancados em seus quartos, acabam contatando supostos abusadores que ofertam modelagem em troca da comercialização dos seus corpos e o estupro virtual na forma de mídias e imagens por meio tecnológico. Este tipo de exploração vem aumentando silenciosamente sendo utilizada por meios tecnológicos para aliciar/abusar das crianças e adolescentes que sonham em serem mode-los. São aliciadas ou abusadas em troca de valores, promessas e ameaças.

O entrevistado B1 não soube informar sobre as condições socioe-conômicas das famílias no distrito de Capão Redondo, mas relata o aumento de pedintes, de mendicância e de institucionalização de crian-ças e adolescentes.

> [...] se aumentou a condição de trabalho infantil, aumentaram a mendicância das crianças, a população em situação de rua, consideravelmente; o acolhimento de crianças aumentou, mas não sei responder com precisão sobre a condição de trabalho infantil. Falando nas condições econômicas das famílias, não tinham trabalho, não tinham nem gente no farol, praticamente mais tinha gente na rua pedindo.

O distanciamento provocado pela Covid-19 trouxe mudanças ines-peradas no cotidiano das famílias, problemas estruturais como o desem-prego, despejos, perda de suas próprias residências e vários problemas financeiros se materializaram, de acordo com o entrevistado B1:

> A Pandemia fez aumentar o número de crianças e adolescen-tes em trabalho infantil, mas também dificultou nosso acesso. Nós não estávamos na rua, nós que somos garantidores destes direitos, também ficamos expostos ao risco, independente de estar aqui trabalhando, tivemos uma série de limitações e, para quem é violador, isto foi um prato cheio; para quem viola, abusa sexualmente e é aliciador, porque enquanto representante do Estado não estávamos lá.

Antunes (2022, p. 24) reafirma o impacto e as condições trazidas pela pandemia:

> A pandemia também impactou fortemente os trabalhadores de plataformas digitais e aplicativos, uma massa que não parava de se expandir e que experimentava as condições da chamada uberização do trabalho.

No cenário pandêmico da Covid-19, agravaram-se a fome, a miséria e foram consequências que passaram a permear a vida das famílias desempregadas e muitas delas abrigaram-se em barracas nos baixos de viadutos e calçadas.

> *Eu vejo coisas aqui no Capão que não vi há muitos anos: as crianças com as mães nas ruas; geralmente se vê os homens, porque os homens, até para ser em situação de rua, têm um privilégio de muitas e muitas áreas; porque a mulher... ela não abandona a casa, porque, se ela abandona a casa, ela tem de levar junto a sogra, a filha, o filho, o cachorro, o papagaio e o homem só vai, vai por "n" motivos que não vamos discutir.(Entrevistado B1)*

Em cenários de desemprego estrutural e de miserabilidade familiar, o trabalho infantil, de todos os tipos, passa a fazer parte da estrutura econômica de luta por subsistência (Aguiar Junior; Vasconcelos, 2021, p. 29).

Os serviços de Convivência e Fortalecimento de Vínculos Familiares (SCFV) – modalidades CCA e CJ – são serviços ofertados nas comunidades periféricas na perspectiva preventiva, na maioria das narrativas trazidas pelos entrevistados, afirmando que o contraturno escolar ou essas tipologias de serviços garantem a prevenção de inúmeras situações das crianças e dos adolescentes, na entrevista do B1 aponta-se que:

> *Se a criança e o adolescente estão inseridos no CCA e CJ, eles dificilmente estarão em situação de trabalho infantil.*
>
> *[...] famílias acompanhadas por serviços de proteção tendem a expor menos as crianças ao risco. Por isto insistimos, quando tem criança a gente já diz: vamos embora para o CCA, porque eu defendo muito esta política do contraturno escolar, assim como, a permanência da criança em outros espaços esportivos e educacionais, para que esta criança não fique exposta ao risco.*
>
> *Se bem que nem todas as crianças estão dentro destes espaços, então eu posso falar com firmeza que as crianças que estão inseridas dentro das políticas públicas como CCA e CJ não estarão expostas a este risco, elas não venderão no farol, nem trabalhando no tráfico.*

O diálogo é a chave que se abre para possíveis soluções, opiniões. É compartilhar, é coletivo, é grupo, é participar em conjunto. O entrevistado B1 afirma:

> *Se ela também, não estiver expondo as crianças e adolescentes... porque isto não é opção de escolha. Daí, partimos para outras instâncias. Mas, para mim, não funciona se não tiver diálogo. Eu sempre falo com a equipe técnica, sobre a autonomia que ela tem em buscar serviços, mandar e-mail, cobrar retorno; porque temos motivos para ligar, não vamos ficar ligando por nada.*

Num diálogo, contudo, ninguém tenta vencer. Se alguém ganha, todos ganham. No diálogo, todos vencem (Bohm, 2005, p. 34).

Finalizamos este capítulo demonstrando dados do trabalho infantil na cidade de São Paulo, a política municipal de assistência social, bem como o trabalho infantil na região de Pinheiros e seus desdobramentos e dados obtidos pela pesquisa qualitativa.

3

RESULTADOS DA PESQUISA: A INTERSETORIALIDADE E O ENFRENTAMENTO DO TRABALHO INFANTIL

Tá relampiano, cadê neném?
Tá vendendo drops no sinal pra alguém
Tá relampiano, cadê neném?
Tá vendendo drops no sinal pra alguém
Tá vendendo drops no sinal...

Todo dia é dia, toda hora é hora
Neném não demora pra se levantar
Mãe lavando roupa, pai já foi embora
E o caçula chora pra se acostumar
Com a vida lá de fora do barraco
Hai que endurecer um coração tão fraco
Pra vencer o medo do trovão
Sua vida aponta a contramão

Tá relampiano, cadê neném?
Tá vendendo drops no sinal pra alguém
Tá relampiano, cadê neném?
Tá vendendo drops no sinal pra alguém
Tá vendendo drops no sinal...

Tudo é tão normal, todo tal e qual
Neném não tem hora para ir se deitar
Mãe passando roupa do pai de agora
De um outro caçula que ainda vai chegar
É mais uma boca dentro do barraco
Mais um quilo de farinha do mesmo saco
Para alimentar um novo João Ninguém
E a cidade cresce junto com neném

É mais uma boca dentro do barraco
Mais um quilo de farinha do mesmo saco
Para alimentar um novo João Ninguém
E a cidade cresce junto com neném
(Lenine, 1997)

A música de Lenine, *Relampiano*, aborda a preocupação de uma criança que mesmo na chuva com relâmpagos e trovões, sai depois do seu pai, para vender drops no semáforo. A naturalização é evidenciada quando se trata tudo com normalidade e a pobreza se escancara no aparecimento de mais uma boca no barraco para alimentar, a chegada de um novo caçula, de um joão-ninguém.

Neste capítulo trabalharemos com a perspectiva da intersetorialidade como forma preventiva do trabalho infantil, discutiremos sobre a Política Municipal de Atenção Integral às Crianças e Adolescentes e com os resultados da pesquisa.

3.1 Intersetorialidade nas políticas sociais

Segundo Medeiros (2017), a intersetorialidade se configura como:

> [...]a articulação entre as políticas, ofertando ações conjuntas com outras políticas setoriais destinadas à proteção e inclusão social, bem como o enfrentamento das expressões da questão social, tendo a participação de todos os atores envolvidos para a consolidação dos direitos sociais.

Seria fundamental as políticas públicas planejarem e atuarem conjuntamente, construindo a intersetorialidade, em especial entre setores regionais, dentro dos territórios, das comunidades, das periferias, efetivando a articulação, a integração e o trabalho entre setores públicos, ou seja, de forma intersetorial. Relatos do entrevistado A2 demonstram que: "[...] *este trabalho de integração é fundamental*".

De acordo com Paz e Taboada:

> É nos territórios que a intersetorialidade se materializa como condição essencial para a implementação de serviços públicos integrados, como resposta à multidimensionalidade da pobreza e à segregação socioespacial. Assim, territorialidade e intersetorialidade potencializam as intervenções públicas, ampliando possibilidades e efetividade das ações integradas e desenvolvidas através da construção de diagnósticos, programas, ações e com responsabilidades compartilhadas. (Paz; Taboada, 2010)

Entretanto, observa-se que existe uma dificuldade quando o âmbito das políticas sai do território, da comunidade e passa a ser discutida em um âmbito maior: as secretarias que não possuem integração e não se articulam e nem ao menos possuem a mesma acessibilidade com o público demandatário dos territórios.

DE CAPÃO REDONDO A PINHEIROS: TRAJETOS PERCORRIDOS PELA INFÂNCIA

Para Junqueira (2005, p. 4),

> [...] a intersetorialidade constitui uma concepção que deve informar uma nova maneira de planejar, executar e controlar a prestação de serviços. Isso significa alterar toda a forma de articulação dos diversos segmentos da organização governamental e dos seus interesses.

Trabalhar a intersetorialidade, enquanto integração de setores territoriais de diversas políticas (educação, saúde, trabalho, habitação, assistência social etc.), pressupõe observar as diversificadas legislações que regulam estes setores para efetivação dos direitos e da proteção social considerando a população desprotegida e o território onde se situam.

> Contudo, a tarefa é de tal ordem que somente uma abordagem de trabalho em rede, associando organizações governamentais e não-governamentais, pode vir a ter chance de contribuir para a solução do problema, desde que haja uma perspectiva comum entre as partes. (Stoecklin, 2003, p. 98)

Como afirma Junqueira (2005, p. 4), "Tratar os cidadãos, situados num, mesmo território, e seus problemas de maneira integrada exige um planejamento articulado das ações e serviços".

Nessa perspectiva, Aguiar e Vasconcellos (2021, p. 81) defendem que o enfrentamento da exploração de crianças e adolescentes, só pode ter efetividade com intervenções intersetoriais.

> O enfrentamento da exploração de crianças e adolescentes é, fundamentalmente, uma pauta intersetorial. Compartilhar com outros setores as responsabilidades para resolução do caso é imperioso. Articular esforços em estabelecer parcerias, participar de reuniões, encaminhar, acolher, discutir casos, trocar informações com os setores supracitados (instituições de justiça/garantia de direitos, assistência social, educação e outros profissionais e unidades de saúde necessário) são estratégias que demandam, muitas vezes procedimentos que extrapolam o protocolo e a rotina de trabalho de muitos profissionais da saúde, mas que são especialmente necessários e eficazes no manejo das situações de trabalho infantil. (Aguiar Junior; Vasconcellos, 2021, p. 81)

Diante dos estudos bibliográficos foi possível desenhar um fluxo que prevê a integração das políticas dentro dos territórios sem se afastar das relações familiares e das relações comunitárias, propor que o trabalho infantil seja uma situação alvo da integração dentre de todas as políticas públicas (de assistência social, de esporte, de cultura, de direitos humanos, de trabalho, de habitação, de saúde e de educação).

Buscamos uma perspectiva que faça com que um caso, ou situação sejam influenciados e atravessados de forma dialógica por todos os setores territoriais: Serviços de Convivência e Fortalecimento de Vínculos Familiares (SCFV), clube da comunidade, casas/fábricas de cultura, Conselho Tutelar, Núcleo de Socio Aprendizagem, Movimentos de Moradia Popular, Unidade Básica de Saúde (UBS), Ambulatório Médico de Especialidades (AME), Assistência Médica Ambulatorial (AMA), Pronto Socorro, Centro de Educação Infantil (CEI), Escola Municipal de Educação Infantil (Emei), Escola Municipal de Ensino Fundamental (Emef), Escola Municipal de Educação Fundamental e Médio (EMEFM), Escola Estadual (E.E) e demais setores.

Esta perspectiva de atendimento intersetorial está prevista na Constituição Federal, especificamente no artigo 4.º:

> É dever da família, da comunidade, da sociedade em geral e do poder público assegurar, com absoluta prioridade, a efetivação dos direitos referentes à vida, à saúde, à alimentação, à educação, ao esporte, ao lazer, à profissionalização, à cultura, à dignidade, ao respeito, à liberdade e à convivência familiar e comunitária.

É possível notar que para garantir a intersetorialidade, conforme as entrevistas apontam, é preciso seguir algumas etapas para concretizá-las:

1.ª Etapa – realizar o planejamento por meio da organização das ações e do mapeamento da rede;

2.ª Etapa – a articulação com a rede dar-se-á por meio do diálogo entre as políticas setoriais mencionadas (saúde, educação, habitação, esporte, assistência social, direitos humanos e ademais), conforme defende o entrevistado A quando menciona "combinados".

3.ª Etapa – aplicar estudo de casos de forma coletiva com toda a rede intersetorial. Neste estudo é relevante discutir como se deram os problemas sociais apontados nos caminhos percorridos, acessados por crianças e adolescentes nos setores.

> A noção de intersetorialidade surgiu ligada ao conceito de rede, a qual emergiu como uma nova concepção de gestão contrária à setorização e à especialização, propondo, por

outro lado, integração articulada dos saberes e dos serviços ou mesmo a formação de redes de parcerias entre os sujeitos coletivos no atendimento às demandas dos cidadãos. Cabe ressaltar que a descentralização se estabeleceu como categoria precursora da intersetorialidade, pois, na medida em que ela propõe transferência de poder, especialmente para o nível municipal, a intersetorialidade aparece como estratégia de gestão integrada para a abordagem dos problemas sociais, respeitando a autonomia de cada ator envolvido no processo. (Pereira; Teixeira, 2013, p. 121)

Figura 10 – Fluxo de atendimento na perspectiva intersetorial

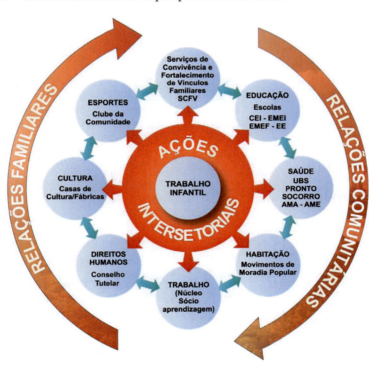

Fonte: elaborada pelo autor (2023)

3.2 Política Municipal de Atenção Integral às Crianças e Adolescentes

Em 2023, é criada a Política Municipal de Atenção Integral às Crianças e Adolescentes em situação de e na rua (Lei n.º 17.923, de 10 de abril de 2023), resultado de uma luta, desde 2016, do Conselho Municipal de Assistência Social (Comas), do Conselho Municipal dos Direitos da Criança e do Adolescente (CMDCA), do Fórum de Assistência Social da Cidade de São Paulo (FAS/SP), Ministério Público do Estado de São Paulo e das Organizações da Sociedade Civil (OSCs).

No Art. 2.º, Parágrafo 2, da Política Municipal de Atenção Integral à Crianças e Adolescentes em situação de e na rua é definido:

> § 2.º Para fins desta Lei, entende-se por crianças e adolescentes na rua com grupo populacional heterogêneo que utiliza logradouros públicos e áreas degradadas como espaço sobrevivência e trabalho de forma permanente e/ou intermitente.

A política faz menção e reconhece no art. 3.º as piores formas de sujeição ao trabalho infantil definidas pela Convenção 182 da Organização Internacional do Trabalho – OIT, promulgada pelo Decreto n.º 10.088, de 2019

> V - reconhecimento de que as crianças e os adolescentes em situação de rua e na rua estão mais sujeitos a serem vítimas de trabalho infantil, principalmente as piores formas definidas pela Convenção 182 da Organização Internacional do Trabalho – OIT, promulgada pelo Decreto nº 10.088, de 2019.

E defende no artigo art.4.º a intersetorialidade:

> II - implementar políticas públicas de forma integral, interdisciplinar, intersetorial com ações territoriais, transversais e articuladas, visando o enfrentamento situações de risco pessoal e social;

Analisando a intersetorialidade, a política municipal deixa evidente em vários artigos a articulação com as demais políticas, um avanço das ações a serem efetivadas e que, ao cumprir com a totalidade da legislação, será de grande valia o fortalecimento de vínculos das relações familiares e das relações comunitárias, visto que a intersetorialidade se efetiva nos territórios.

Vejamos como se dará a atuação desta articulação com as políticas, de acordo com a Lei n.º 17.923.

A execução da política de assistência social está mencionada no art. 9, em especial, a forma de identificação e a construção de estratégias de intervenção:

> § 2.º Os serviços de assistência social na execução do trabalho social com famílias, nas ofertas voltadas ao fortalecimento de vínculos e nos atendimentos domiciliares, ao identificar casos de crianças e adolescentes em situação de rua e na rua, devem buscar a garantia dos seus direitos, promovendo reflexões sobre a situação de risco atual junto à família, construindo estratégias para sua superação e intervindo em situações de trabalho infantil e demais violações de direito com os encaminhamentos necessários.

A articulação com as políticas de direitos humanos e cidadania está descrita no art.16.

> § 2.º As ações de articulação contarão com campanhas educativas e preventivas para a divulgação dos direitos das crianças e dos adolescentes, bem como informações sobre formas de fortalecimento desses direitos para as crianças e adolescentes em situação de rua na rua.

A articulação com a política habitacional está prevista no art. 18:

> § 2.º O atendimento habitacional para as famílias com crianças adolescentes em situação de rua deverá ser articulado com outras políticas setoriais, especialmente com ações de geração de renda, saúde, educação, direitos humanos e assistência desenvolvimento social.

A articulação com as políticas de saúde está prevista no art. 22, e tratada enquanto ações conjuntas:

> Parágrafo único. O planejamento das ações conjuntas previstas no caput considerará o compartilhamento de informações com outros órgãos quando pertinente, sobretudo em casos de trabalho infantil, exploração sexual e outras violações de direito.

Na política educacional a articulação e a intersetorialidade enquanto medida preventiva, está descrita no art. 33 no parágrafo único:

> Para o disposto no caput, a política de educação articulará ações de busca ativa e de atendimento intersetorial para a prevenção e o enfrentamento da evasão e exclusão escolar de crianças e adolescentes em situação de rua e na rua, com especial atenção para distorção idade-ano, desenvolvimento e aprendizagem.

Nas políticas de cultura, esportes e lazer a articulação e a intersetorialidade entre as políticas não estão evidentes, porém é mencionada parceria com outras secretarias municipais, "Art. 34: VII – desenvolvimento de projetos e programas em parcerias com outras secretarias municipais".

Quanto as políticas ou programas de geração de emprego e renda, há menção no art. 35:

> § 1.º Serão ofertados cursos de qualificação profissional e geração de renda para famílias de crianças e adolescentes em situação de rua e na rua por meio de projetos intersecretariais específicos no âmbito da legislação dos programas de inclusão no mercado trabalho.
>
> § 2.º Serão ofertados cursos de qualificação profissional e geração de renda para adolescentes a partir de 16 anos em situação de rua e na rua por meio de projetos intersecretariais específicos no âmbito da legislação dos programas de inclusão no mercado trabalho.

A política evidencia os casos das violações de direitos, porém não trata das medidas de prevenção:

> Art. 36: Crianças e adolescentes em situação de rua e na rua têm seus direitos violados e estão expostos a violências em múltiplas dimensões, seja pelo rompimento ou fragilidade do cuidado e dos vínculos familiares e comunitários, pela situação de pobreza e/ou pobreza extrema ou pela dificuldade de acesso e/ou permanência em políticas públicas, podendo estar associadas, entre outras, às seguintes circunstâncias:
> I - violência psicológica, sexual, física, química, autoprovocada, abandono negligência;
> II - trabalho infantil, inclusive em suas piores formas;

Nascimento (2010, p. 96) relata a existência de alguns ganhos quando se pensa em intersetorialidade:

> Nesta perspectiva, a intersetorialidade pode trazer ganhos para a população, para a organização logística das ações definidas, bem como para a organização das políticas públicas centradas em determinados territórios. Ao mesmo tempo, abrem-se novos problemas e desafios relacionados à superação da fragmentação e à articulação das políticas públicas, sobretudo se considerarmos a cultura clientelista e localista que ainda vigora na administração pública.

3.3 Resultados da pesquisa: enfrentamento do trabalho infantil nos territórios de Pinheiros e Capão Redondo

As articulações entre setores são destacadas pelo entrevistado A1 como uma forma de "diálogo que compreende em combinados, conversa e propõem-se a falar a mesma língua".

Bronzo e Veiga (2007, p. 5) tratam os combinados como acordos, pactos e consensos

> [...] a gestão de um arranjo intersetorial gira em torno dos seguintes desafios: no campo da decisão política, requer dos gestores da política pública a capacidade de redirecionar a ação pública local por meio de acordos políticos e da construção de pactos e consensos entre os atores envolvidos, considerando os interesses em jogo; no que se refere aos arranjos institucionais, deve-se avaliar a necessidade de criação de uma estrutura e de instrumentos de gestão necessários para a viabilização da nova realidade de gestão; e, na esfera dos processos de trabalho, algumas alterações na lógica de operação das ações devem ser efetuadas, de maneira a destacar, sobretudo, a importância do apoio dos técnicos que serão responsáveis pela operacionalização da ação intersetorial na esfera prática.

A integração entre as políticas é defendida também pelo entrevistado B1, pelo aparecimento de demandas que requerem diversos encaminhamentos, ou seja, a manifestação dos problemas se dá nos espaços de participação das famílias.

> [...] quando fazemos a visita, chamamos a família para uma conversa, entendemos que tem um monte de outras demandas de setores que faltam para elas. Nossa interpretação e a nossa busca pela rede intersetorial não é, necessariamente, para que os serviços acessem este serviço, porque, porque senão vira uma obrigatoriedade do estado e dos serviços de promover algumas ações, a busca pela rede é para efetivação de direitos. (Entrevistado B1)

Para Junqueira (2005, p. 3), "É no âmbito da cidade, como o espaço onde a população tem acesso aos serviços, onde seus problemas se manifestam, que a articulação das políticas sociais se viabiliza, dando maior eficácia a sua gestão".

O entrevistado A1 nos dá um exemplo: *"Se eu for do SEAS, aquele da Promotoria, o outro do CREAS e o outro do Conselho Tutelar, sentam, conversam e combinam, fazem os combinados e levam para cima, para outra instância que tem poder".*

Esta conversa e combinados são defendidos por David Bohm como o "diálogo", que vem do grego:

> Logos significa "palavra" e dia significa "através". O diálogo pode ocorrer com qualquer número de pessoas, não apenas com duas. Mesmo uma só pessoa pode ter o sentimento de diálogo dentro de si, se o espírito do diálogo estiver presente. (Bohm, 2005, p. 32)

Este diálogo entre as políticas preventivas e protetivas, conforme o entrevistado A2 menciona como combinados, não é tão prático como parecer ser, exige um diálogo nas relações políticas, exige escuta e estudo de casos.

> *[...] ter uma fala em comum. Porque percebemos que cada um quer fazer uma coisa e ninguém chega a um denominador, portanto, ela tem de saber da mesma fala e começa associar que esta rede está com ela e as pessoas estão com os mesmos objetivos de ajudá-la. Sente mais confiança... 'O serviço tem de falar a mesma língua'. Então, para esta família ter um norte, esta rede tem de falar a mesma linguagem. (Entrevistado A2)*

Para Aguiar Jr. e Vasconcelos (2021):

> As políticas precisam se articular a uma série de medidas sociais como: programas de transferência de renda; geração de empregos dignos a adultos; acesso à alimentação; educação, saúde, cultura e lazer; melhoria das condições escolares; fiscalização de postos de trabalho e de cadeias produtivas; sanções e ações restritivas da produção e consumo de bens ou serviços que envolvam trabalho infantil, entre outros pontos que discutimos. (Aguiar Junior; Vasconcelos, 2021, p. 16)

Segundo Pereira e Teixeira (2013), o trabalho em rede nas políticas sociais se concretiza da seguinte forma:

> A maioria das concepções de rede, em especial no campo das políticas sociais, remete para a noção de interconexão, articulação, parceria, interação, cooperação entre organizações governamentais e não governamentais, portanto,

na defesa do pluralismo de bem-estar social, da corresponsabilização de todos, não apenas do financiamento das políticas sociais, mas na prestação de serviços sociais e na utilização dos recursos mobilizados por cada tipo de organizações. (Pereira; Teixeira, 2013, p. 120)

O entrevistado A1 reafirma o fortalecimento da rede:

> [....] mas se existe uma rede forte em cima daquela família para fortalecer, ou tanto para proteger esta criança, as oportunidades começam a aparecer, mas se ela não conseguiu caminhar com a criança esta prevalecerá em situação de risco, você tem que proteger a criança, ela é seu maior foco, ela é a vítima, então eu percebo assim que nestes eixos de garantia de direitos falta o comprometimento da pessoa que está ali, naquele eixo.

É necessário que a discussão dos casos ultrapasse diversos setores dentro do território onde residem estas crianças, onde estudam, onde possamos percorrer os caminhos e a trajetória dos espaços utilizados por elas, fazer uso de seus vínculos fortalecidos com suas famílias e com a comunidade. Acompanhar a trajetória destas crianças e adolescentes nos seus espaços de uso, também faz parte da intersetorialidade, portanto, se a rede intersetorial não funciona, os problemas começam a aparecer, conforme o entrevistado B1 revela:

> Dificuldade de articular o trabalho com as demais políticas começam a aparecer por não conseguir trabalhar as questões intersetoriais [...] o sistema não funciona porque a gente que faz parte do sistema, não o faz funcionar.

O entrevistado B1 ressalta: "[...] convocar esta rede que faz parte daquela família, por exemplo, para fazer uma discussão de caso baseada nesta discussão de caso vai traçar com esta família os planos que vamos trabalhar, por exemplo, do território?".

O entrevistado A1 defende o lúdico e utiliza-o enquanto metodologia para realizar as abordagens destas crianças e adolescentes.

> Lúdico com as crianças: uma das metodologias para ver as necessidades financeiras/socioeconômicas, também para não espantar a família. A equipe, através do lúdico que aproxima da criança, vai criando, consequentemente, uma aproximação maior para poder orientar sobre a exposição da criança no trabalho infantil.

> É fundamental, acima de tudo, sempre manter uma atitude lúdica quando interagindo com crianças. O princípio de uma atitude lúdica que flui dentro de quaisquer das opções de fortalecimento está associada a uma relação bastante complexa e embricada entre capacidades individuais e a estrutura social na qual nossa vida está enraizada. (Stoek-clin, 2003, p. 103)

As atividades lúdicas têm a perspectiva de descobrir como a vida cotidiana destas crianças e adolescentes em suas relações comunitárias e, principalmente familiares se realizam. *"A atividade lúdica não tem só o objetivo de tirar a criança do trabalho infantil, mas descobrir através da pintura, desenho, atividades de coordenação motora, o que ela quer pra si, ao longo do seu futuro".* (Entrevistado A1).

Os problemas se proliferam a partir do momento que a criança e o adolescente abandonam a escola, abandonam o CCA, o CJ, ou seja, abandonam o contraturno para trabalhar. Neste momento surgem outras diversas consequências que impactam na sociabilização.

> *Estas crianças, além de problemas escolares de analfabetismo, possuem diversos problemas de saúde, inclusive bucal. "São crianças que estão na fase escolar percebemos, nas atividades lúdicas, que possuem dificuldade de alfabetização; estão bem atrasadas, não estão inseridas em contraturno, pois estão nas ruas, não estão em CCA; são crianças nas quais percebemos uma questão de saúde e tem problemas nos dentes. (Entrevistado A2)*

Este abandono familiar, comunitário e principalmente das políticas públicas elevam os riscos e as possibilidades destas crianças e adolescentes utilizarem as ruas não como meio de sobrevivência, mas também como pernoite e, daí, vivenciar a situação de rua.

> A violação de direito é, também, resultado de um processo distorcido de "educação" daquelas mesmas pessoas que deveriam resguardar estes direitos. Essa é a educação dominante, sustentada na cultura da indiferença, herança de uma civilização que nasceu com a marca da violência e do descompromisso com a sorte das maiorias. Não podemos esquecer que o Brasil foi o último país do mundo a pôr fim à escravidão, em que gente era comprada e vendida. O Brasil é um país que nasceu com a marca da exclusão. Herdamos, portanto, a insensibilidade diante da miséria. (Graciani, 1999, p. 13)

As famílias impõem uma "meta financeira" para as crianças e adolescentes. Estes somente podem retornar para o lar após o cumprimento dessas determinações dos responsáveis, após a longa jornada diária de trabalho nas ruas. De acordo com o entrevistado B1 o modelo moderno de infância é que as crianças deixam de ser "ativos econômicos" para se tornarem "passivos econômicos" de suas famílias. O entrevistado A1 comenta que:

> [...] por estar ali, os pais estarem de olho como se eles fossem trabalhadores e funcionários destas famílias [...] parece realmente uma empresa e [...] a criança sente, ao executar o trabalho infantil, como ela **reage a ter meta**. [...] como a criança se sente? que perspectiva ela tem no futuro, médio e longo prazo? entrar nesta questão: o que quer ser quando crescer?.

Como Basu e Van (1998, p. 47) relatam, o estudar e o brincar é um bem de luxo:

> Em outras palavras, as crianças deixaram de contribuir para a renda e riqueza das famílias e passaram a demandar investimentos. Basu e Van (1998), analisando as causas do trabalho infantil no mundo, apontam o que chamam de "axioma do luxo" A criança e o adolescente que estudam e brincam são "bens de luxo".

As famílias ensinam aos seus filhos, logo muito cedo, sobre a necessidade de trabalhar, e exclamam frases. Estas crianças e adolescentes aprendem e repetem estas frases, tornando o trabalho infantil "geracional" e naturalizado. Nas frases mencionadas a seguir são denominados os 5 mitos, conforme aponta a publicação de *Sada do Promenino* do autor Norberto Alves (2016):

Trabalhar dignifica o homem, é melhor trabalhar do que roubar.

> 1. É melhor trabalhar do que roubar. Crianças e adolescentes têm mais do que essas duas opções para suas vidas. Primeiramente, lugar de criança é na escola. É direito das crianças ter acesso à educação de qualidade e dever do Estado oferecê-la. É por meio da educação que o indivíduo e o país se desenvolvem e abrem a possibilidade de um futuro melhor. A infância e a adolescência são períodos especiais de formação. O lazer, cultura, tempo livre, educação e atividades recreativas são fundamentais e devem ser garantidos por todos. Além disso, o trabalho infantil

não pode ser encarado como uma resposta aos problemas sociais. Ao trabalhar, a criança fica desprotegida e exposta a uma série de riscos, inclusive o de se envolver em atividades ilícitas. (Alves, 2016)

Ninguém morre trabalhando, trabalhar não mata.

2. Trabalhar não mata ninguém! Nos últimos cinco anos foram registrados quase 12 mil acidentes de trabalho, envolvendo crianças e adolescentes, sendo que 110 chegaram a falecer. Por ter o corpo ainda em desenvolvimento, crianças não estão aptas a carregar peso ou manusear maquinário ou instrumentos que foram desenvolvidos para adultos. Fadiga, distúrbios do sono, perda de audição e lesões na coluna são apenas algumas das consequências do trabalho infantil que podem lesionar para sempre o corpo das crianças. Algumas atividades são tão perigosas que só são permitidas após os 18 anos. Trata-se das chamadas Piores Formas do Trabalho Infantil. (Alves, 2016)

O trabalho ajuda na sobrevivência e complemento do salário familiar.

3. Ele precisa trabalhar para ajudar a família.
Isso é uma subversão dos papéis. A família é que tem a responsabilidade de cuidar e prover o necessário às crianças e adolescentes, e não o inverso. Quando a família falha é papel de toda a sociedade e do Estado agir para garantir a proteção das crianças com absoluta prioridade, como determina a Constituição Federal e o Estatuto da Criança e do Adolescente.

O trabalho os ajudou a constituir família, que o trabalho dignifica e enobrece.

4. O trabalho enobrece! Cidadania, valores, responsabilidade e respeito não são transmitidos por meio do trabalho precoce. É a família, o Estado e a sociedade como um todo que carregam a responsabilidade de oferecer uma formação adequada para as crianças e adolescentes. O trabalho infantil afasta as crianças do convívio com a família, do ambiente escolar e da vivência em comunidade. Longe da família e dos educadores, crianças ficam desprotegidas e vulneráveis. (Alves, 2016)

Os trabalhos realizados muito cedo ajudaram ser o que são hoje e que traz futuro.

> 5. Trabalho traz futuro? Ao contrário, o trabalho infantil rouba o presente e o futuro não só da criança, mas de todo o país. O ingresso precoce no mercado de trabalho prejudica, podendo chegar a impedir, os estudos das crianças e adolescentes. Assim, há uma defasagem na formação que compromete a entrada qualificada no mercado de trabalho. O futuro para quem trabalhou quando criança é ocupar um posto baixo, sendo mal remunerado e sem perspectiva de progressão na carreira. Para o país, a consequência é a persistência de uma massa de mão de obra desqualificada, o que retarda o desenvolvimento econômico e tecnológico do país. (Alves, 2016)

Para conhecer melhor estes mitos, não é preciso ir muito longe. As crianças e adolescentes, ao adentrar os ônibus, trens e metrôs, utilizam estas frases como discurso para vendas de seus produtos e/ou para pedir.

Quando a abordagem é direcionada à família que se faz presente junto com estas crianças e adolescentes nas ruas, é preciso utilizar uma forma específica de abordagem, sugere-se uma aproximação com perguntas direcionadas à participação na rede socioassistencial ou o recebimento de benefício. De acordo com o entrevistado A1, utiliza como estratégia perguntar: se possui ou não benefício? *"[...] raramente estão sozinhas, a maioria estão com as mães, um caso ou outro com o pai, ou responsável maior".* Exclama ainda que caso a família recuse a abordagem, rapidamente evadem do ponto de concentração onde foram abordados.

Muitas crianças e adolescentes se fazem presentes na situação de rua e, também, realizam, por meio da mendicância, o trabalho infantil, ficando evidente na afirmação:

> *Então, por exemplo, têm famílias que já estão em trabalho infantil, na "situação de rua porque elas ficam na rua maior parte do tempo e vai para casa esporadicamente. Mas é trabalho infantil, porque ela tem família, ela vai para casa dela e algumas estudam, outras não". (Entrevistado A1)*

De acordo com David Bohm, existe um impedimento quanto a estrutura hierárquica familiar em aceitar o diálogo

> Mas uma família, em geral, é uma hierarquia, organizada segundo o princípio da autoridade, que é contrário ao diálogo. A família é uma estrutura autoritária, baseada em obrigações e coisas parecidas. Não há lugar para o diálogo quando os princípios básicos são a autoridade e a hierarquia. (Bohm, 2005, p. 88)

A estratégia encontrada para aproximação das famílias, sem que elas se assustem, é perguntar sobre suas participações nas políticas e se possuem ou não benefício de transferência de renda.

Este vai e vem da comunidade para rua e da rua para comunidade, tem que levar em consideração a forma de integração das políticas que tem de ocorrer por meio da vigilância destas crianças no território e nos pontos de concentração, onde o trabalho é executado, ou seja, entre ruas e comunidades, entre comunidades e ruas. Para Koga (2003, p. 72), "[...] a exclusão social é também territorial. O fato é que, à medida que vão sendo considerados os territórios locais, as desigualdades internas se tornam mais visíveis e gritantes".

Por diversas vezes foi escutado dos entrevistados A1 e A2, B1 e B2 a palavra "diálogo". Segundo Bohm (2005, p. 64), "tudo isso faz parte do pensamento coletivo – pessoas juntas. Acredita-se que, se elas percebessem a importância do diálogo, trabalhariam com ele. E quando começassem a se conhecer mutualmente, principiariam a compartilhar confiança".

> [...] é pensar que este espaço aqui não recebe as crianças. Então, eu preciso necessariamente dialogar com quem recebe as crianças, porque muitas vezes eu recebo a mãe, que em sua maioria são mulheres, e estas mães trazem as demandas e dentro destas demandas estão as crianças". (Entrevistado B1)

> [...] dialogar com a UBS para saber como está o acompanhamento; dialogar com a escola. A escola, muitas vezes, quando a gente liga, diz: "ainda bem que vocês ligaram. Olha, de fato não está vindo". Há uma complexidade que compromete a higiene pessoal da criança, porque, às vezes, não é só o que a família traz. (Entrevistado B1)

Bohm (2005, p. 67) afirma que "Uma sociedade é um entrelaçamento de relações que as pessoas estabelecem para poder viver juntas: regras, leis, instituições e várias outras coisas". Para o entrevistado B1, *"A criança está em trabalho infantil, as famílias estão em vulnerabilidade, estão inseridas em políticas públicas, a família recebe algum benefício, a partir daí começamos a ter estas informações".*

O diálogo entre as políticas preventivas e protetivas, conforme o entrevistado A2 menciona como combinados é um processo que existe muito, precede uma dificuldade nas relações no estudar os casos, uma dificuldade na articulação entre as políticas. *"[...] o serviço tem de falar a mesma língua. Então, para esta família ter um norte, esta rede tem de falar a mesma linguagem".*

> *Ter uma fala em comum. Porque percebemos que cada um quer fazer uma coisa e ninguém chega a um denominador, portanto, ela tem de saber da mesma fala e começa associar que esta rede está com ela e as pessoas estão com os mesmos objetivos de ajudá-la. Sente mais confiança. (Entrevistado A2)*

A intersetorialidade é construída no coletivo. O estudo de caso, portanto, é fundamental trilhar o caminho do mesmo diálogo, da mesma fala em conjunto.

> É algo que acontece entre o indivíduo e o coletivo e pode mover-se entre eles. É a harmonia entre o indivíduo e o coletivo, na qual o todo se move constantemente na direção da coerência. (Bohm, 2005, p. 66)

A integração e o diálogo entre as políticas preventivas e protetivas devem fazer parte da construção de um planejamento intersetorial capaz de interagir entre si, conforme apontado a seguir:

Figura 11 – O diálogo entre as políticas preventivas e protetivas

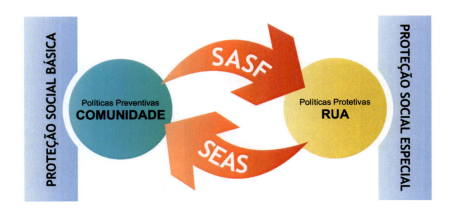

Fonte: elaborado pelo autor (2023)

Entretanto, nas ações integradas com as políticas públicas da saúde, o entrevistado A menciona que a articulação tem o caráter de efetivação dos encaminhamentos e nas resolutividades dos casos.

As articulações preventivas ocorrem no âmbito da Proteção Social Básica (PSB), contemplando o acesso por intermédio dos setores básicos de saúde; mas quando as crianças e adolescentes estão no âmbito da PSE, necessitam muito além das abordagens contínua e dialógica, precisam da efetivação dos acompanhamentos e encaminhamentos, principalmente da saúde.

> [...] nossos Consultórios na Rua (CNR)[90] (01 médico, 01 enfermeiro e tudo ali neste conjunto, neste corpo, conseguimos tirar muitas dúvidas, esclarecimentos, encaminhamentos através deles também batendo na porta dos próprios serviços do CAPS[91], temos uma relação com CAPS, têm profissionais muito comprometidos. [...] com a discussão de caso, temos discutido os casos de adolescentes, a saúde e educação que no momento estão bem parados, mas é claro que temos de bater nas portas das Unidades Básicas de Saúde

---

[90] A estratégia Consultório na Rua foi instituída pela Política Nacional de Atenção Básica, em 2011, e visa ampliar o acesso da população em situação de rua aos serviços de saúde, ofertando, de maneira mais oportuna, atenção integral à saúde para esse grupo populacional, o qual se encontra em condições de vulnerabilidade e com os vínculos familiares interrompidos ou fragilizados. Chamamos de Consultório na Rua equipes multiprofissionais que desenvolvem ações integrais de saúde frente às necessidades dessa população. Elas devem realizar suas atividades de forma itinerante e, quando necessário, desenvolver ações em parceria com as equipes das Unidades Básicas de Saúde do território. Ressalta-se que a responsabilidade pela atenção à saúde da população em situação de rua como de qualquer outro cidadão é de todo e qualquer profissional do Sistema Único de Saúde, mesmo que ele não seja componente de uma equipe de Consultório na Rua (CR). Desta forma, em municípios ou áreas em que não haja e CR, a atenção deverá ser prestada pelas demais modalidades de equipes da Atenção Básica. É importante destacar, ainda, que o cuidado em saúde da população em situação de rua deverá incluir os profissionais de Saúde Bucal e os Nasf do território onde essas pessoas estão concentradas. Cf.: BRASIL. Ministério da Saúde. **Consultório na Rua**. Disponível em: https://www.gov.br/saude/pt-br/composicao/saps/consultorio-na-rua/. Acesso em: 26 jun. 2023.

[91] Centros de Atenção Psicossocial (CAPS) trabalham em regime de porta aberta, isto é, sem necessidade de agendamento prévio ou encaminhamento, oferecendo acolhimento e tratamento multiprofissional aos usuários. O usuário que procura o CAPS é acolhido e participa da elaboração de um Projeto Terapêutico Singular específico para as suas necessidades e demandas. Uma equipe multiprofissional composta por médicos psiquiatras, psicólogos, assistentes sociais, enfermeiros, terapeutas ocupacionais avaliam o quadro do usuário e indicam o tratamento adequado para cada caso. O CAPS também atua no acolhimento às situações de crise, nos estados agudos da dependência química e de intenso sofrimento psíquico. A internação hospitalar só é indicada quando esgotadas todas as possibilidades terapêuticas disponíveis no CAPS. Cf.: SÃO PAULO. Secretaria Municipal da Saúde. **Centros de Atenção Psicossocial (CAPS)**. São Paulo: PMSP, 22 nov. 2021. Disponível em: https://www.prefeitura.sp.gov.br/cidade/secretarias/saude/atencao_basica/index.php?p=204204. Acesso em: 5 jul. 2023.

> *(UBS)[92] que se mantém fechadas, outras mais abertas e outras coisas bacanas que acontece em nosso território. (Entrevistado A1)*

Os Centros de Atenção Psicossocial (CAPS) são serviços de saúde de caráter aberto e comunitário, voltados aos atendimentos de pessoas com sofrimento psíquico ou transtorno mental, incluindo aquelas com necessidades decorrentes do uso de álcool, crack e outras substâncias, que se encontram em situações de crise ou em processos de reabilitação psicossocial.

Nos estabelecimentos atuam equipes multiprofissionais, que empregam diferentes intervenções e estratégias de acolhimento, como psicoterapia, seguimento clínico em psiquiatria, terapia ocupacional, reabilitação neuropsicológica, oficinas terapêuticas, medicação assistida, atendimentos familiares e domiciliares, entre outros.

Buss nos apresenta os direitos à saúde:

> Essa é uma nova visão que se coloca a saúde como direito do cidadão e dever do Estado, resultando de um conjunto de fatores sociais, econômicos, políticos e culturais que se combinam de forma particular, em cada sociedade e em conjunturas específicas, redundando em sociedades mais ou menos saudáveis. (Buss, 1996, p. 174)

Nas periferias prevalecem mulheres solteiras, cuidadoras de seus filhos. Essas mulheres sofrem diversas manifestações da violência que ocorrem no âmbito doméstico. A questão monoparental torna-se evidente quando as mães criam seus filhos sozinhas.

> *Estas famílias, quando abordadas, negam veemente que seus filhos estão em trabalho infantil. Existe omissão dos graves problemas de saúde, alguns não se comprometem por medo,*

---

[92] Unidades Básicas de Saúde (UBS) são locais onde você pode receber atendimentos básicos e gratuitos em Pediatria, Ginecologia, Clínica Geral, Enfermagem e Odontologia. Os principais serviços oferecidos pelas UBS são consultas médicas, inalações, injeções, curativos, vacinas, coleta de exames laboratoriais, tratamento odontológico, encaminhamentos para especialidades e fornecimento de medicação básica. As Unidades Básicas de Saúde (UBS) fazem parte da Política Nacional de Urgência e Emergência, lançada pelo Ministério da Saúde em 2003, estruturando e organizando a rede de urgência e emergência no país, para integrar a atenção às urgências. A atenção primária é constituída pelas unidades básicas de saúde (UBS) e Equipes de Saúde da Família, enquanto o nível intermediário de atenção fica a encargo do SAMU 192 (Serviço de Atendimento Móvel as Urgência), das Unidades de Pronto Atendimento (UPA), e o atendimento de média e alta complexidade é feito nos hospitais. Cf.: ASSOCIAÇÃO PAULISTA PARA O DESENVOLVIMENTO DA MEDICINA. **Unidade Básica de Saúde (UBS)**. **São Paulo**: SPDM, c2023. Disponível em: https://spdm.org.br/onde-estamos/outras-unidades/unidade-basica-de-saude-ubs/. Acesso em: 26 jun. 2023.

> *por querer continuar mantendo seus próprios filhos no mundo do trabalho e também pelo fato do medo de perder a tutela [...] não conseguimos fazer uma intervenção porque a família nega a participação, inclusive por achar que seus filhos possam ser entregues, caso ela assuma que a criança e ou adolescente está trabalhando no tráfico. (Entrevistado B1)*

Conforme mencionam Aguiar Junior e Vasconcelos:

> [...] é a ocultação das crianças trabalhadoras dos radares da notificação, como no caso de crianças adoecidas ou acidentadas que chegam nos serviços de saúde, e seus responsáveis, por temer sanções, não relatam o trabalho como causa. (Aguiar Junior; Vasconcelos, 2021, p. 46)

As contradições evidenciadas quando as crianças e adolescentes pedem esmolas e doações e os próprios doadores resolvem denunciar.

> *O munícipe abre uma solicitação via 156, reclamando que tem crianças e adolescentes pedindo e, ao mesmo tempo, ele doa, alimenta-os e reclama. [...] esta pessoa que doa, liga no 156 e fala que tem gente pedindo, ela faz uma coisa e depois faz uma ação antagônica do que ela fez. (Entrevistado A1)*

A ausência escolar e a ausência nos Centros de Criança e Adolescente (CCA) e Centro para Juventude (CJ), chamados de serviços socioassistenciais, geralmente ocorre quando a criança e o adolescente parte para o trabalho se desloca em busca de sustento.

> A situação de trabalho infantil pode estar diretamente relacionada a abandono escolar, absenteísmo, dificuldades de interação no ambiente/contexto escolar e a dificuldades de aprendizagem, por exemplo, devido ao cansaço e às opressões psicológicas relacionados à atividade que exercem. (Aguiar Junior; Vasconcelos, 2021, p. 90)

A ausência do Estado também faz com que os sinais de evasão escolar e dos espaços garantidos pelas políticas públicas ocorram. Contudo, quando a criança e o adolescente também se ausentam da comunidade, um dos motivos é o deslocamento para as ruas, realizar o trabalho infantil. O entrevistado B1 afirma que *"Quando as crianças e adolescentes deixam de estudar e abandonam os Centros de Crianças e Adolescentes (CCA) e/ou Centros para Juventude (CJ) é porque algo sério está acontecendo"* e conclui:

> [...] e quando elas evadem deste espaço é o primeiro sinal de que há alguma coisa errada entre elas, o trabalho infantil está acontecendo. Primeira característica: evadiu da escola, evadiu do espaço – pode procurar que tem cachorro neste barco.
>
> O grande problema é que a maioria dos que estão fora da escola são afrodescendentes, quilombolas, indígenas, deficientes e vítimas de explorações, como o trabalho infantil. Quando uma criança é exposta ao trabalho infantil, ela não frequenta a escola e passa a ser vítima de várias violações. (Ribeiro, 2017, s/p.)

Existem resistências quando se implanta uma nova cultura organizacional, seja pela aceitação do novo, seja por conta das mudanças ou pelos interesses serem contrários e pelas divergências de ideias. Falar desta resistência está na narrativa do entrevistado B1:

> *São poucos os CCAs aqui no território para a demanda referente a contraturno escolar e a nossa intersetorialidade, ou seja, a comunicação com o CCA é fundamental, com a UBS é fundamental, com a educação, mas estes serviços têm de ter em mente que não vamos supervisionar o trabalho, e sim articular. Se você não conhece a família! Então, deixa eu te apresentar? De forma que possamos trabalhar. Infelizmente vai ter caso em que o menino vai precisar perder o dedo para a rede se movimentar e daí quando vejo isto nem vou citar nomes e nem serviços, mas é angustiante demais, porque estamos falando um tempão, a criança está em risco, está em risco e nem sempre é acolhida com brevidade, com rapidez em que o caso merece.*

Esta é uma concepção nova de atuação defendida por Junqueira:

> Essa forma de atuar é nova, por isso deve acarretar mudanças nas práticas e na cultura organizacional. É um processo que tem riscos em função das resistências previsíveis de grupos de interesses contrariados. A ousadia de mudar vai precisar das alianças de todos os que desejam incrementar a qualidade de vida do cidadão, dentro e fora da administração pública, de seus serviços. (Junqueira, 2005, p. 4)

O entrevistado B1 afirma que, *"se tem uma criança em risco, a ação tem de ser imediata. Não é tirar a criança da família! É acionar esta rede como um todo para olhar para este caso, para movimentar com a seriedade que o caso merece"*. Para Koga (2003, p. 230) "A lógica parte de um conhecimento comum sobre o lugar, contando com a participação dos sujeitos locais".

Para Junqueira (2005, p. 4), este conhecimento de espaço e participação dar-se-á:

> A lógica intersetorial de atuação deve referir-se basicamente à população e ao espaço onde se situam. Assim, a base populacional e geográfica permite que se identifique os problemas e as possibilidades de sua solução para atingir uma vida de qualidade.

Existem diferentes dificuldades em realizar o trabalho em rede, principalmente quando tratamos todos na mesma perspectiva, há de se fazer uma análise, um estudo de casos de forma mais coletiva e não segmentar, mas olhar para as complexidades individuais e coletivas.

> [...] quando pleiteamos esta intersetorialidade e ela tem uma dificuldade de acontecer, eu olho para as meninas e falo qual é a cor desta criança "preta", parece que as crianças pretas vão ter menos acesso, mas está tão introjetado que quando você olha, então a sua pesquisa é de suma importância para falar da rede e esta rede também olhe para este processo étnico racial, precisamos fazer esta discussão dentro dos nossos serviços sabe sobretudo para garantir que mulheres pretas não sejam as mulheres que mais morrem, sobretudo que os homens pretos não sejam os que mais são presos, sobretudo que as crianças pretas não sejam as que mais estão na rua expostas aos perigos, a gente tem de fazer, não tem que tratar todo mundo no mesmo balaio de gato, todos tem direito a garantia sobretudo aqueles que sempre estiveram expostos ao perigo. (Entrevistado B1)

A invisibilidade está posta porque a branquitude não enxerga no outro a problemática e, quando enxerga, ela observará ou ela irá racializar ser preto no outro.

Contudo, a pobreza e a extrema pobreza, inclusive o trabalho infantil têm esta categoria racializada e ela é preta.

Não é fácil ser pobre, preto e periférico e ainda carregar consigo estigmas por pertencer, ou por residir em periferia. Ainda pior fica quando este território é marcado como mais violento e que estigmatiza a todos como suspeitos por crimes, "vandalismo, violências e bandidismo", como afirma Koga (2003, p. 49):

> Ser pobre e da raça negra na sociedade brasileira são consideradas características de alto potencial para a prática de atos ilícitos, e, portanto, trata-se de pessoas portadoras de

> um alto grau de suspeita. Não são raros os casos de serem barradas em espaços públicos, que vão desde a rua até os *shopppings centers*, edifícios, locais de lazer, agências bancárias. (Koga, 2003, p. 49)

Infelizmente estas crianças e adolescentes herdaram uma cultura imperada pela colonização, pela escravização na qual a "comunicação violenta" é imposta pelo Estado e pelo Capitalismo.

> [...] a comunicação violenta é uma questão que nos afasta do estado natural de compaixão. Identifiquei formas específicas de linguagem e comunicação que, acredito, contribuam para o comportamento violento com os outros e conosco. (Rosemberg, 2022, p. 33)

Rosemberg (2022, p. 33) revela que "para designar tais formas de comunicação, utilizo a expressão comunicação alienante da vida".

Esta questão é materializada quando grande parcela da sociedade que vive nas periferias das grandes cidades é impactada pela opressão do Estado produzidas pela falta de acesso à educação, falta de saúde, falta de infraestrutura e ausência de políticas públicas, tendo grande influência do capitalismo pela desigualdade socioeconômica. Nesse sentido, o trabalho infantil torna-se mais afetado nas classes menos abastadas, ficando à mercê da pobreza e das desigualdades sociais.

> A desigualdade socioeconômica é um dos principais fatores que contribuem para a marginalização das regiões periféricas. A concentração de renda nas mãos de poucos indivíduos e a falta de políticas públicas efetivas para reduzir as desigualdades sociais são alguns dos fatores que perpetuam essa realidade. (Moraes, [2023])

Estas desigualdades estão expressas com a presença da fome e da extrema pobreza que cresceram no período pandêmico ao ponto de as pessoas se alimentarem do lixo "[...].*eu tenho visto aqui no Capão muitas pessoas revirando lixo. Fazia muito tempo que não via isto aqui*" (Entrevistado B1).

Este caminho da fome se transmuta em extrema pobreza carregando as pessoas para o processo de "rualização", conforme afirma a Prof.ª Dr.ª Maria Stela Graciani:

> [...] é consequência de um sistema econômico fundado na injustiça, que produz a marginalidade, a pobreza, o povo da rua das cidades e o trabalhador sem-terra nos campos.

> É o sistema capitalista selvagem que cria lixões nas perife-
> rias das grandes cidades, onde se amontoam urubus, com
> animais e seres humanos disputando as mesmas sobras do
> luxo das elites. (Graciani, 1999, p. 12)

Temos de garantir por meio das medidas preventivas que as famílias e seus filhos não ultrapassem as medidas preventivas e passem a compor as medidas protetivas. Pois quando a família passa a compor ações de média e alta complexidade é muito difícil fazer o caminho inverso, que seria seu retorno para as medidas preventivas, nas quais seus vínculos familiares e comunitários prevalecem fortalecidos.

> E não criar. [...] As expectativas em relação a família estão
> no imaginário coletivo, ainda impregnadas de idealizações
> das quais a chamada família nuclear é um dos símbolos.
> A maior expectativa é de que ela produza cuidado, prote-
> ção, aprendizado dos afetos, construção de identidades
> e vínculos relacionais de pertencimento, capazes de pro-
> mover melhor qualidade de vida a seus membros e efetiva
> inclusão social na comunidade e sociedade em que vivem.
> No entanto, estas expectativas são possibilidades, não
> garantias. A família vive num dado contexto que pode
> ser fortalecedor ou esclarecedor de suas possibilidades e
> potencialidade. (Carvalho, 2005, p. 15)

A saída da prevenção e a passagem de uma proteção para outra, ou seja, a saída da Proteção Social Básica (PSB) e a entrada na Proteção Social Especial (PSE), a dificuldade desta transição, entre uma política e outra, dificulta o caminho da inversão. Quando a criança e o adolescente saem do trabalho infantil e abandonam seus vínculos familiares, educacionais e comunitários é muito difícil reverter e trazê-los de volta para a Proteção Social Básica, visto que se experimentou a institucionalização e diversos outros tipos de vícios existentes na complexa permanência nas ruas.

> Um dos principais motivos que explicam as altas taxas de
> repetência, evasão e abandono das escolas por parte dos
> alunos, [...]além de falta de infraestrutura adequada de
> ensino, é o fato de que muitas crianças e jovens começam
> a trabalhar precocemente. (Rizzini, 2000, p. 12)

Temos que procurar aperfeiçoar para a real efetivação dos vínculos de convivência familiar e comunitária, fazendo com que as famílias possam construir seus projetos de vida autônoma, garantindo todos os seus direitos fundamentais. Enquanto estamos com estas famílias nas medidas preventivas, podemos trabalhar este processo de obtenção da autonomia; na proteção social especial, não é possível trabalhar com eficácia.

> *[...] precisamos aprimorar a execução, sabe? "Por que elas?"[...] e fico pensando: não vamos criar novas políticas, sabe? Porque elas estão aí! O SUAS e o SUS estão aí, brilhantemente escritos. Acho que temos que repensar o nosso fazer profissional; a Secretaria repensar a forma como ela também pode, como ela também cobra as execuções. Pra mim é sempre uma questão de "o que fazer?" toda vez que tenho um caso aqui que beira a proteção social básica e que vira proteção especial. as pessoas não têm emprego, isto é um poder fundamental, sabe? Para que a pessoa saia da pobreza, ela precisa trabalhar e daí muitas delas não têm emprego, daí vamos mandar, eles vão fazer isto e organicamente o que que muda, então? Por mais políticas que a gente ofereça, seja o CAPS, seja o CCA, seja a escola. (Entrevistado B1)*

A situação socioeconômica esta imbricada com a questão política, passamos por uma vivência na qual a gestão conservadorista e neoliberal ignorou as expressões da questão social, com a pandemia as famílias saíram da pobreza e foram parar na extrema pobreza, perderam seus lares e a rua tornou-se meio de sobrevivência e pernoite.

> *"[...] existe um rolê fundante assim no seio familiar que é a condição econômica se este rolê econômico não tá garantido, nenhuma política vai abarcar a demanda desta família, então eu penso que para os próximos 4 anos com uma nova gestão federal, a gente mude este cenário. Eu tenho a impressão que não temos mais para onde afundar; olha, aqui é o nosso limite e é daqui para cima, porque se cair mais um pouco, acabou para todo mundo. E mais, eu acho que a execução de políticas públicas é fundamental; mas pensar como é que, organicamente, este Estado está organizado". (Entrevistado B1)*

O programa de transferência de renda é uma garantia proposta pela política de assistência social, na perspectiva de manter a sobrevivência de famílias em situação de pobreza e extrema pobreza.

> *[...] o Bolsa Família de R$ 600,00 é importante e é fundamental acessá-lo; precisamos garantir que as pessoas não passem fome. Se eu garantir que as pessoas não passem fome, o menino não vai precisar trabalhar, a menina vai conseguir subsidiar e todas as outras demandas que as famílias vão apresentar não irão girar em torno necessariamente da economia e outras coisas*

que a gente sabe que podem aparecer economicamente tenham emprego. (Entrevistado B1)

[...]a gente não era um serviço de entrega de cestas porque a gente acaba que atender a demanda do território; queria que a condição socioeconômica destas famílias fosse outra, garantindo direito, doando cesta básica; eu quero garantir direito quando ela deixar de precisar de cesta básica. (Entrevistado B1)

A perspectiva é que ela deixe de fazer uso do programa de transferência de renda e também não aceite mais cestas básicas vou ter certeza da execução desta garantia quando esta família disser: eu não preciso mais pegar cesta, repasse para outra pessoa, ou quando a família for desligada deste serviço e por bons motivos. (Entrevistado B1)

A Transferência de Renda é uma das iniciativas que a política de Assistência Social deve garantir. É um direito social que assegura a sobrevivência de famílias em situação de pobreza, por meio do acesso a renda, e a promoção da autonomia dessas famílias. (Entrevistado B1)

Se esta família não conseguir sair da dependência do Programa de Transferência de Renda, a manutenção da pobreza tomará força pela exploração do trabalho assalariado e barato, pela necessidade de acumulação de capital, em outras palavras, a manutenção da pobreza se sustentará pela manifestação da questão social e da dependência do capital para sobreviver.

O modo de produção capitalista cria uma "superpopulação relativa", que é necessária ao processo de acumulação, visto que a lei da oferta e da procura da mão de obra se orienta através dessa superpopulação. Logo, é com base na lógica da superpopulação relativa que se realiza o ciclo dos salários e a manutenção da exploração do trabalho. Para além do fator da exploração da força de trabalho disponível, o capitalismo ainda necessita promover a manutenção de um "exército industrial de reserva" de trabalhadores, para manter sua relação imperante ao trabalhador, que se torna dependente do trabalho assalariado, afinal, ou se trabalha ou se morrerá de fome.

Desse modo, entendemos que, ao mesmo passo que o capitalismo promove o desenvolvimento das forças produtivas do trabalho social, ele também aprofunda as relações desiguais e a pobreza, logo, a "questão social".

"[...] política pública existe, precisa intencionar sua execução e sua execução não depende só da gente, depende das secreta-

rias, das organizações sociais, dos trabalhadores que estão na ponta, pensar na precarização deste trabalho, no aumento das demandas e buscar solução, senão a gente vai virar um eterno enxugar gelo da assistência social e ficar fazendo a manutenção da pobreza das pessoas e além de fazer a manutenção da pobreza destas pessoas é a de ser penalizada pela condição dela de ser culpabilizada por diversas vezes pela situação e por aí que tem um problema econômico e social". (Entrevistado B1)

O que temos visto ao longo dos anos é a manifestação do trabalho infantil de forma "geracional" atravessando gerações, além de ser natural, cultural, contudo, as crianças e adolescentes pegam como exemplo os seus pais para reproduzirem tal situação. Souza e Parra (2017, p. 13) relatam que:

> O cenário que toda essa estatística nos remete é que o trabalho infantil doméstico terceirizado tem características e um retrato bem claro, trata-se de crianças e adolescentes predominantemente negras ou pardas, de gênero feminino e predominantemente de origem pobre, seja no sentido econômico ou cultural. É reproduzido ao longo dos séculos, alicerçados por valores equivocados com relação à formação de caráter dessas crianças, quando não, por necessidades econômicas e de sobrevivência, que acabam remetendo essas crianças e adolescentes ao mundo do trabalho como única alternativa para suprir as suas necessidades básicas de sobrevivência, como a alimentação, e fundamentada, equivocadamente, no discurso que somente quem vive na "carne" as dificuldades do seu cotidiano "se vira" como pode. (Souza; Parrão, 2017, p. 13)

> *[...] a gente também precisa se olhar o tempo todo, senão entramos no livro da reprodução e naturalização. Por que é normal ter criança no farol? Não é! Não é normal ter alguma criança no farol, não é normal ter criança vendendo bala, carregando sacola na feira, sobretudo as crianças pretas que estão dentro de uma desumanização histórica, e nós devemos para estas crianças. (Entrevistado B1)*

A exposição destas crianças e adolescentes nas ruas é também a exposição de todos os tipos de riscos pessoais e riscos sociais. "*Algumas sofreram acidentes de atropelamento; são crianças que estão com a garantia de direitos bem comprometida*" (Entrevistado B1).

Ou seja, o trabalho infantil é a exploração de crianças e adolescentes como mão de obra, afetando diretamente os menores envolvidos. Ao longo da história foi prática, infelizmente, muito comum e, apesar de condenada, na maioria dos países, ainda é a realidade de milhões de crianças ao redor do globo. Até a Idade Média, salvo as condições de escravidão, o trabalho infantil esteve vinculado à complementação do sustento familiar, de modo que era raro para o benefício de outras pessoas. Já no Feudalismo, esse tipo de exploração da mão de obra infantil, acontecia para o favorecimento dos senhores feudais, pois as crianças eram vistas como aprendizes dos mestres artesãos.

> *[...] tem situações que estão muito expostas, como é o caso de crianças pequenas, de 8 ou 6 anos; estão no processo de pedintes junto com a família, o que caracteriza o trabalho infantil, principalmente, se a família estiver vendendo balas com estas crianças no farol. (Entrevistado B1)*

"As crianças e adolescentes acabam sendo 'chamariz' para sensibilização e garantia das doações. Quando eles levam as crianças, eles têm a percepção de que vão ser mais acolhidos frente a doação de coisas e, em muitas datas comemorativas, como Páscoa, Natal, terão retorno maior". (Entrevistado B1).

Para Aguiar Junior e Vasconcelos (2021, p. 35):

> A exploração do trabalho infantil é um problema social com raízes. No Brasil, problemas como uma cultura ainda fortemente influenciada por um sistema de exploração do trabalho escravo, profundas desigualdades sociais, falta de acesso a direitos básicos etc., repercutem especialmente na vida de crianças e adolescentes, notoriamente, influenciam a ocorrência e as características da exploração do trabalho infantil no país.

A exploração da criança e do adolescente para o trabalho infantil atrapalha seu desenvolvimento físico, privando-os de viverem a vida na infância e na adolescência, além da responsabilidade no seio familiar que não as pertence, mas os transforma em chefes de família. "[...] *Explorar os adolescentes que não conseguem fazer um curso, não conseguem se ocupar no CCA ou CJ e nem mesmo fazer atividades físicas".* Entrevistado A1.

Conforme Medeiros Neto (2020, p. 18),

> [...] o trabalho infantil constitui causa de uma tríplice exclusão: na infância, quando a criança perde a oportunidade de brincar, estudar e aprender; na idade adulta, quando é descartado das oportunidades de trabalho, por falta de

qualificação profissional; na velhice, diante da ausência de condições dignas de sobrevivência.

Portanto, a articulação de setores de políticas públicas, de sujeitos e de conhecimentos advindos dos espaços periféricos, que materializam a concretude da intersetorialidade para efetivação, é necessária para formar os cidadãos de direitos e os trabalhadores sociais.

> Para que isso torne realidade é importante formar pessoas para aprenderem a ser cidadãos, a terem consciência de seus direitos, mas também, formar cidadãos capazes de lidar com o direito dos outros. Daí, a importância do treinamento dos funcionários que vão oferecer os serviços públicos, que vão operar os serviços públicos para garantirem os direitos sociais da população. Isso não é apenas um discurso, mas novas práticas, que exigem aprendizado tanto do prestador, como dos usuários. (Junqueira, 2005, p. 4)

A intersetorialidade, portanto, necessita se materializar. Para se concretizar é necessário formação de rede de instituições capazes de direcionar ações de políticas públicas para o atendimento das famílias, das crianças e dos adolescentes, ou seja, devem ser pensadas enquanto possibilidade.

Terminamos este capítulo apresentando a perspectiva preventiva da intersetorialidade, a Política Municipal de Atenção Integral às Crianças e Adolescentes e o enfrentamento do trabalho infantil, bem como os resultados da pesquisa conforme metodologia documental.

CONSIDERAÇÕES FINAIS

Toda vez que eu viajava pela estrada de Ouro Fino
De longe eu avistava a figura de um menino
Que corria, abria a porteira, depois vinha me pedindo
Toque o berrante seu moço, que é pra eu ficar ouvindo
Quando a boiada passava, e a poeira ia baixando
Eu jogava uma moeda e ele saia pulando
Obrigado boiadeiro, que Deus vá lhe acompanhando
Praquele sertão afora meu berrante ia tocando
Nos caminhos dessa vida muito espinho eu encontrei
Mas nenhum calor mais fundo do que esse que eu passei
Na minha viagem de vorta quarquer coisa eu cismei
Vendo a porteira fechada, o menino não avistei
Apeei do meu cavalo num ranchinho beira-chão
Vi uma mulher chorando, quis saber qual a razão
Boiadeiro veio tarde, veja a cruz no estradão
Quem matou o meu filhinho foi um boi sem coração
Lá das bandas de Ouro Fino levando o gado selvagem
Quando passo na porteira inda vejo sua imagem
O seu rangido tão triste mais parece uma mensagem
Daquele rosto trigueiro desejando boa viagem
A cruzinha do estradão do pensamento não sai
Eu já fiz um juramento que não me esqueço jamais
Nem que o meu gado estoure, que eu precise ir atrás
Nesse pedaço de chão, berrante eu não toco mais.
Menino da Porteira (Luizinho; Limeira, 1972)

Esta música foi composta em 1955 por Luizinho e Ted Vieira, o "Menino da Porteira" é uma história de um boiadeiro que avista um menino que trabalhava na abertura de uma porteira na cidade de Ouro Fino em troca de moeda. Na volta do seu trajeto, a porteira não se abriu, ele viu uma mulher chorando pela morte do menino, exclamando que quem o havia matado foi um boi sem coração. A história expressa os riscos e perigos que qualquer trabalho proporciona às crianças e adolescentes.

Esta publicação teve por objetivo analisar o trabalho infantil na região de Pinheiros, com desdobramentos em Capão Redondo, na cidade de São Paulo e os dispositivos de prevenção e proteção social tiveram no seu desenvolvimento a perspectiva crítica, com abordagens qualitativas, combinando a pesquisa bibliográfica, documental e processo empírico.

A pesquisa foi estruturada em três capítulos.

No capítulo I destaca-se o trabalho infantil, dispositivos protetivos e preventivos, a política de assistência social e, para melhor embasamento teórico, apresentamos um breve histórico da escravização no Brasil, o recorte racial enquanto processo de produção, reprodução e o racismo, a escravidão e a pobreza enquanto categorias fundantes do trabalho infantil.

No capítulo II, tratamos do tema trabalho infantil e da política de assistência social na cidade de São Paulo, na região de Pinheiros e seus desdobramentos no distrito de Capão Redondo. Apresentamos dados, censos e estatísticas do trabalho infantil na cidade de São Paulo; discorremos sobre a política de assistência social executada no âmbito da Smads e a rede socioassistencial utilizada no combate ao trabalho infantil.

No capítulo III, refletimos sobre a importância da perspectiva da intersetorialidade para a prevenção do trabalho infantil. Destacamos a relevância da Política Municipal de Atenção Integral às Crianças e Adolescentes (Lei n.º 17.923, de 19 de abril de 2023), que entre seus artigos, aponta as contribuições de execução da intersetorialidade entre as políticas e dialogamos com os principais resultados da pesquisa.

Nosso olhar esteve dirigido a conhecer como se dá a intersetorialidade entre os serviços nos territórios, como é organizada, como influencia a vida familiar e comunitária das crianças e adolescentes e os problemas cotidianos e as demais situações. Com os estudos realizados, foi possível construir um fluxo na perspectiva intersetorial que propõe ser concretizado/materializado por três etapas.

Os resultados da pesquisa de campo revelam a importância da rede de serviços,e da integração entre as políticas. O que exige escuta, estudo de casos que também tem caráter fortalecedor do trabalho em rede.

Os entrevistados defendem a rede de serviços, bem como, a intersetorialidade nos espaços onde transitam as crianças e adolescentes. Na metodologia de trabalho, um achado considerável se refere à importância do lúdico, a descoberta de como é o cotidiano destas crianças e adolescentes e suas relações familiares e comunitárias.

Outros destaques significativos da pesquisa referem-se a:

A proliferação dos problemas quando as relações são desfeitas e quando e porque as crianças e adolescentes abandonam a escola, o CCA e o CJ, enquanto Serviços que ofertam o contraturno. É a partir destas discussões que começam a aparecer as formas de abordagem a estas crianças e adolescentes e a diferenciação nas formas de abordar suas famílias.

A exposição e exploração destas crianças e adolescentes como chamariz para "doações", os tipos de riscos, a lógica da manutenção da pobreza, do programa de transferência de renda e das doações de cestas básicas.

As manobras do vem e vai, da rua para comunidade e da comunidade para rua, que podem ser um trampolim de saída das medidas preventivas para as medidas protetivas.

Os aspectos de dominação e opressão do sistema capitalista que marcam a vida destas crianças e adolescentes e de suas famílias.

Este estudo não se encerra por aqui, tendo em vista as nossas limitações de tempo, quando temos também que trabalhar conjuntamente com os estudos. Além disso, destacamos os limites decorrentes do período pandêmico, os limites impostos pelo governo de direita do ex-presidente Jair Messias Bolsonaro, principalmente por cortar as bolsas de pesquisa, e ainda a troca de orientadora, no meio do mestrado, devido à aposentadoria. Estes fatores impactaram muito os estudos e a pesquisa.

Apesar desses fatores, buscamos neste estudo nos aprofundar sobre o trabalho infantil na região de Pinheiros, com desdobramentos em Capão Redondo, com a perspectiva da intersetorialidade como enfrentamento e esperamos que seja uma contribuição para futuros estudos e o para a construção de instrumentos que enfrentem o trabalho infantil.

POSFÁCIO

Este é um livro de leitura bastante recomendada para todos aqueles que lutam pela defesa intransigente de direitos de crianças, adolescentes e jovens, em especial, daqueles que vivem nos distritos periféricos de São Paulo e têm suas vidas atravessadas por inúmeras privações, pela precarização das políticas, violência, pobreza e fome.

Neste estudo, particularmente, seu autor nos faz conhecer o viver histórico cotidiano de famílias que vivem no extremo sul da cidade de São Paulo, e o faz de modo muito especial, com muita originalidade, pois o que ele nos traz são narrativas de sua própria vivência no enfrentamento da pobreza em suas múltiplas expressões que se constituíram em verdadeiros alicerces para ancorar o seu compromisso, como Assistente Social que é, com a profunda transformação dessa realidade.

Como fruto de sua dissertação de mestrado realizado na PUC-SP, Itamar tece, nesta obra, uma teia muito bem constituída na qual teoria e prática se entrelaçam, mediadas pela sua experiência profissional.

Um ponto forte dessa construção é o contraponto que o autor estabelece com o distrito de Pinheiros, para onde crianças e jovens de Capão Redondo se deslocam, perambulando pelas ruas, em busca de alguma atividade que possa contribuir para sua sobrevivência e de sua família. A situação que vão encontrar é de bastante desalento, pois além de enfrentar todas as questões relativas à sua precária condição de vida, sofrerão ainda com o preconceito sempre presente em suas trajetórias.

Com base em seu próprio trabalho na área das políticas públicas, o autor bem sabe o quanto é difícil o equacionamento dessa grave problemática, pois o que fica expresso nesse quadro é a fragilidade de nossos sistemas de direito, de nossas políticas de proteção social que não alcançam efetivamente a todos que a demandam, além de não terem um nível adequado de articulação.

A proposta que Itamar nos lega no presente livro e que nutre sua esperança é o fortalecimento da intersetorialidade das políticas para fazer avançar a luta pela defesa de direitos de crianças, adolescentes e jovens e por condições mais justas para o enfrentamento das graves expressões da questão social no Brasil.

Prof.ª Dr.ª Maria Lúcia Martinelli
Docente e pesquisadora do Núcleo de Estudos e Pesquisa sobre
Identidade da PUC-SP

REFERÊNCIAS

AGUIAR JUNIOR, V. S. de; VASCONCELOS, L. C. F. de. **Trabalho infantil**: desafios e abordagem em saúde pública. Rio de Janeiro: Fiocruz, 2021.

ALMEIDA, N. L. T. "Questão Social" e Serviço Social no Brasil. *In*: SILVA, M. L. de O. (org.). **Serviço Social no Brasil**: história de resistências e de rupturas com o conservadorismo. São Paulo: Cortez, 2016.

ALMEIDA, S. L. de. **Racismo estrutural**. São Paulo: Sueli Carneiro, Jandaíra, 2020.

ASSOCIAÇÃO PAULISTA PARA O DESENVOLVIMENTO DA MEDICINA. **Unidade Básica de Saúde (UBS)**. São Paulo: SPDM, 2023. Disponível em: https://spdm. org.br/onde-estamos/outras-unidades/unidade-basica-de-saude-ubs/. Acesso em: 26 jun. 2023.

BODEI, R. **Geometria de las pasione**: miedo, esperanza, felicidad: filosofia y uso politico. Mexico: Fondo de Cultura Econômica, 1997.

BRASIL ECONÔMICO. Trabalho infantil cresce 26% em São Paulo durante pandemia. **IG Economia**. 19 ago. 2020. Disponível em: https://economia.ig.com. br/2020-08-19/trabalho-infantil-cresce-26-em-sao-paulo-durante-pandemia. html. Acesso em: 25 jun. 2023.

BRASIL. [Constituição (1988)]. **Constituição da República Federativa do Brasil de 1988**. Brasília, DF: Presidência da República, 2016. Disponível em: https://www. planalto.gov.br/ccivil_03/constituicao/constituicao.htm. Acesso em: 27 abr. 2023.

BRASIL. Decreto legislativo n.º 178, de 11 de outubro de 1999. Aprova os textos da Convenção n.º 182 e da Recomendação n.º 190 da Organização Internacional do Trabalho (OIT) sobre a Proibição das Piores Formas de Trabalho Infantil e a Ação Imediata para sua eliminação. **Diário do Senado Federal**, Brasília, DF: Câmara dos Deputados, 4 dez. 1999. Disponível em: https://www2.camara.leg. br/legin/fed/decleg/1999/decretolegislativo-178-14-dezembro-1999-370760-ex-posicaodemotivos-143179-pl.html#:~:text=Aprova%20os%20textos%20da%20 Conven%C3%A7%C3%A3o,A%C3%A7%C3%A3o%20Imediata%20para%20 sua%20elimina%C3%A7%C3%A3o. Acesso em: 27 abr. 2023.

BRASIL. Decreto legislativo n.º 179, de 11 de outubro de 1999. Aprova os textos da Convenção n.º 138 e da Recomendação n.º 146 da Organização Internacional do Trabalho (OIT), sobre a Idade Mínima de Admissão ao Emprego, adotadas em junho de 1973, em Genebra. **Diário do Senado Federal**, Brasília, DF: Câmara dos Deputados, 4 dez. 1999. Disponível em: https://www2.camara.leg.br/legin/fed/decleg/1999/decretolegislativo-179-14-dezembro-1999-370761-exposicao-demotivos-143183-pl.html#:~:text=Aprova%20os%20textos%20da%20Conven%C3%A7%C3%A3o,junho%20de%201973%2C%20em%20Genebra. Acesso em: 27 abr. 2023.

BRASIL. Decreto Legislativo n.º 24, de 1956. Aprova as Convenções do Trabalho de números 11, 12, 14, 19, 26, 29, 81, 88, 89, 95, 96, 99, 100 e 101, concluídas em sessões da Conferência Geral da Organização Internacional do Trabalho. **Diário Oficial da União**, seção 1, 30 maio 1956. Disponível em: https://www2.camara.leg.br/legin/fed/decleg/1950-1959/decretolegislativo-24-29-maio--1956-350643-publicacaooriginal-1-pl.html#:~:text=Aprova%20as%20Conven%-C3%A7%C3%B5es%20do%20Trabalho,da%20Organiza%C3%A7%C3%A3o%20Internacional%20do%20Trabalho. Acesso em: 27 abr. 2023.

BRASIL. Decreto n.º 17.943, de 12 de outubro de 1927. Consolida as leis de assistência e proteção a menores. **Diário Oficial de União**, Rio de Janeiro, 12 de outubro de 1927. Disponível em: https://www.planalto.gov.br/ccivil_03/decreto/1910-1929/d17943a.htm. Acesso em: 27 abr. 2023.

BRASIL. Decreto n.º 3.597, de 12 de setembro de 2000. Promulga Convenção 182 e a Recomendação 190 da Organização Internacional do Trabalho (OIT) sobre a Proibição das Piores Formas de Trabalho Infantil e a Ação Imediata para sua Eliminação, concluídas em Genebra, em 17 de junho de 1999. **Diário Oficial de União**, Brasília, DF, 13 set. 2000. Disponível em: https://www.planalto.gov.br/ccivil_03/decreto/D3597.htm. Acesso em: 27 abr. 2023.

BRASIL. Decreto n.º 4.552, de 27 de dezembro de 2002. Aprova o Regulamento da Inspeção do Trabalho. **Diário Oficial de União**, Brasília, DF, 30 dez. 2002. Disponível em: http://www.planalto.gov.br/ccivil_03/decreto/2002/d4552.htm. Acesso em: 27 jul. 2023.

BRASIL. Decreto n.º 16.272, de 20 de dezembro de 1923. Aprova o regulamento da assistência e proteção aos menores abandonados e delinquentes. **Diário Oficial da União**, seção 1, Rio de Janeiro, 21 dez. 1923. Disponível em: https://www2.camara.leg.br/legin/fed/decret/1920-1929/decreto-16272-20-dezembro--1923-517646-publicacaooriginal-1-pe.html. Acesso em: 10 jul. 2023.

BRASIL. Decreto n.º 4.134, de 15 de fevereiro de 2002.Promulga a Convenção n.º 138 e a Recomendação n.º 146 da Organização Internacional do Trabalho (OIT) sobre Idade Mínima de Admissão ao Emprego. **Diário Oficial da União**, Brasília, DF, 18 fev. 2002. Disponível em: http://www.planalto.gov.br/ccivil_03/decreto/2002/d4134.htm#:~:text=DECRETO%20N%C2%BA%204.134%2C%20DE%2015,M%C3%ADnima%20de%20Admiss%C3%A3o%20ao%20Emprego.&text=O%20PRESIDENTE%20DA%20REP%C3%9ABLICA%20%2C%20no,que%20lhe%20confere%20o%20art. Acesso em: 10 jul. 2023.

BRASIL. Decreto n.º 6.481, de 12 de junho de 2008. Regulamenta os artigos 3º, alínea "d", e 4º da Convenção 182 da Organização Internacional do Trabalho (OIT) que trata da proibição das piores formas de trabalho infantil e ação imediata para sua eliminação. **Diário Oficial da União**, seção 1, Brasília, DF, 13 jul. 2008, retificado em 23 out. 2008. Disponível em: https://www.planalto.gov.br/ccivil_03/_ato2007-2010/2008/decreto/d6481.htm. Acesso em: 27 jul. 2023.

BRASIL. Decreto-lei n.º 5.452, de 1.º de maio de 1943. Aprova a Consolidação das Leis do Trabalho. **Diário Oficial de União**, Rio de Janeiro, 10 de novembro de 1943. Disponível em: https://www.planalto.gov.br/ccivil_03/decreto-lei/del5452.htm. Acesso em: 27 abr. 2023.

BRASIL. Emenda constitucional n.º 20, de 15 de dezembro de 1998. Modifica o sistema de previdência social, estabelece normas de transição e dá outras providências. **Diário Oficial de União**, Brasília, DF, 16 dez. 1998. Disponível em: https://www.planalto.gov.br/ccivil_03/constituicao/emendas/emc/emc20.htm#:~:text=%C2%A7%201%C2%BA%20%2D%20%C3%89%20vedada%20a,f%C3%ADsica%2C%20definidos%20em%20lei%20complementar. Acesso em: 10 jul. 2023.

BRASIL. Lei 3.071, de 1.º de janeiro de 1916. Código Civil dos Estados Unidos do Brasil. **Diário Oficial da União**, Rio de Janeiro, 1º jan. 1916. Disponível em: https://www.planalto.gov.br/ccivil_03/leis/l3071.htm#:~:text=LEI%20N%C2%BA%203.071%2C%20DE%201%C2%BA%20DE%20JANEIRO%20DE%201916.&text=C%C3%B3digo%20Civil%20dos%20Estados%20Unidos%20do%20Brasil.&text=Art.,os%20princ%C3%ADpios%20e%20conven%C3%A7%C3%B5es%20internacionais. Acesso em: 27 abr. 2023.

BRASIL. Lei complementar n.º 150, de 1º de junho de 2015. Dispõe sobre o contrato de trabalho doméstico; [...]; e dá outras providências. **Diário Oficial de**

União, Brasília, DF, 2 jun. 2015. Disponível em: https://www.planalto.gov.br/ccivil_03/leis/lcp/lcp150.htm. Acesso em: 27 jul. 2023.

BRASIL. Lei n.º 10.097, de 19 de dezembro de 2000. Altera dispositivos da Consolidação das Leis do Trabalho – CLT, aprovada pelo Decreto-Lei n.º 5.452, de 1º de maio de 1943. **Diário Oficial de União**, Brasília, DF, 20 dez. 2000. Disponível em: https://www.planalto.gov.br/ccivil_03/leis/l10097.htm. Acesso em: 10 jul. 2023.

BRASIL. Lei n.º 10.406 de 10 de janeiro de 2002. Institui o Código Civil. **Diário Oficial de União**, Brasília, DF, 11 jan. 2002. Disponível em: http://www.planalto.gov.br/ccivil_03/leis/2002/l10406compilada.htm#:~:text=LEI%20N%C2%BA%2010.406%2C%20DE%2010%20DE%20JANEIRO%20DE%202002&text=Institui%20o%20C%C3%B3digo%20Civil.&text=Art.,e%20deveres%20na%20ordem%20civil. Acesso em: 27 jul. 2023.

BRASIL. Lei n.º 10.593, de 6 de dezembro de 2002. Dispõe sobre a reestruturaçã da Carreira Auditoria do Tesouro Nacional, que passa a denominar-se Carreira Auditoria da Receita Federal - ARF, e sobre a organização da Carreira Auditoria-Fiscal da Previdência Social e da Carreira Auditoria-Fiscal do Trabalho, e dá outras providências. **Diário Oficial de União**, Brasília, DF, 9 dez. 2002. Disponível em: http://www.planalto.gov.br/ccivil_03/leis/2002/l10593.htm. Acesso em: 27 jul. 2023.

BRASIL. Lei n.º 11.542, de 12 de novembro de 2007. Institui o Dia Nacional de Combate ao Trabalho Infantil. **Diário Oficial da União**, seção 1, Brasília, DF, 13 nov. 2007. Disponível em: https://www2.camara.leg.br/legin/fed/lei/2007/lei-11542-12-novembro-2007-562964-norma-pl.html. Acesso em: 27 abr. 2023.

BRASIL. Lei n.º 11.645, de 10 março de 2008. Altera a Lei n.º 9.394, de 20 de dezembro de 1996, modificada pela Lei n.º10.639, de 9 de janeiro de 2003, que estabelece as diretrizes e bases da educação nacional, para incluir no currículo oficial da rede de ensino a obrigatoriedade da temática "História e Cultura Afro-Brasileira e Indígena". **Diário Oficial de União**, Brasília, DF, 11 março 2008. Disponível em: http://www.planalto.gov.br/ccivil_03/_ato2007-2010/2008/lei/l11645.htm. Acesso em: 27 abr. 2023.

BRASIL. Lei n.º 12.288, de 20 de julho de 2010. Institui o Estatuto da Igualdade Racial; altera as Leis n.º 7.716, de 5 de janeiro de 1989, 9.029, de 13 de abril de 1995, 7.347, de 24 de julho de 1985, e 10.778, de 24 de novembro de 2003. **Diário Oficial de União**, Brasília, DF, 21 julho 2010. Disponível em: http://www.planalto.gov.br/ccivil_03/_ato2007-2010/2010/lei/l12288.htm. Acesso em: 27 abr. 2023.

BRASIL. Lei n.º 4.024, de 20 de dezembro de 1961. Fixa as Diretrizes e Bases da Educação Nacional. **Diário Oficial da União**, Seção 1, Brasília, DF, 27 dez. 1961. Disponível em: https://www2.camara.leg.br/legin/fed/lei/1960-1969/lei-4024-20-dezembro-1961-353722-publicacaooriginal-1-pl.html. Acesso em: 27 abr. 2023.

BRASIL. Lei n.º 6.697, de 10 de outubro de 1979. Institui o Código de Menores. **Diário Oficial da União**, Brasília, DF, 10 out. 1979. Disponível em: https://www.planalto.gov.br/ccivil_03/leis/1970-1979/l6697.htm. Acesso em: 20 mar. 2023.

BRASIL. Lei n.º 8.069, de 13 de julho de 1990. Dispõe sobre o Estatuto da Criança e do Adolescente e dá outras providências. **Diário Oficial de União**, Brasília, DF, 16 de julho de 1990. Disponível em: https://www.planalto.gov.br/ccivil_03/leis/l8069.htm. Acesso em: 27 abr. 2023.

BRASIL. Lei n.º10.639, de 9 de janeiro de 2003. Altera a Lei n.º 9.394, de 20 de dezembro de 1996, que estabelece as diretrizes e bases da educação nacional, para incluir no currículo oficial da Rede de Ensino a obrigatoriedade da temática "História e Cultura Afro-Brasileira", e dá outras providências. **Diário Oficial de União**, Brasília, DF, 10 janeiro de 2003. Disponível em: https://www.planalto.gov.br/ccivil_03/leis/2003/l10.639.htm. Acesso em: 27 abr. 2023.

BRASIL. Lei n.º 11.788, de 25 de setembro de 2008. Dispõe sobre o estágio de estudantes; altera a redação do art. 428 da Consolidação das Leis do Trabalho – CLT. **Diário Oficial da União**, Brasília, DF, 26 set. 2008. Disponível em: https://www.planalto.gov.br/ccivil_03/_ato2007-2010/2008/lei/l11788.htm. Acesso em: 27 jul. 2023.

BRASIL. Lei n.º 4.513, de 1º de dezembro de 1964. Autoriza o Poder Executivo a criar a Fundação Nacional do Bem-Estar do Menor, a ela incorporando o patrimônio e as atribuições do Serviço de Assistência a Menores, e dá outras providências. **Diário Oficial da União**, Brasília, DF, 1º dez. 1964. Disponível em: https://www.planalto.gov.br/ccivil_03/leis/1950-1969/L4513.htm#:~:text=L4513&text=LEI%20N%C2%BA%204.513%2C%20DE%201%C2%BA%20DE%20DEZEMBRO%20DE%201964.&text=Autoriza%20o%20Poder%20Executivo%20a,Menores%2C%20e%20d%C3%A1%20outras%20provid%C3%AAncias. Acesso em: 10 jul.2023.

BRASIL. Lei n.º 8.242, de 12 de outubro de 1991. Cria o Conselho Nacional dos Direitos da Criança e do Adolescente (Conanda) e dá outras providências. **Diário**

Oficial de União, Brasília, DF, 16 out. 1991. Disponível em: https://www.planalto. gov.br/ccivil_03/leis/l8242.htm. Acesso em: 10 jul. 2023.

BRASIL. Lei n.º 9.394, de 20 de dezembro de 1996. Estabelece as diretrizes e bases da educação nacional. **Diário Oficial de União**, Brasília, DF, 23 dez. 1996. Disponível em: https://www.planalto.gov.br/ccivil_03/leis/l9394.htm. Acesso em: 27 jul. 2023.

BRASIL. Ministério da Saúde. **Consultório na Rua**. Disponível em: https:// www.gov.br/saude/pt-br/composicao/saps/consultorio-na-rua/. Acesso em: 26 jun. 2023.

BRASIL. Ministério da Saúde. Secretaria de Atenção à Saúde. Departamento de Atenção Especializada e Temática. **Centros de Atenção Psicossocial e Unidades de Acolhimento como lugares da atenção psicossocial nos territórios**: orientações para elaboração de projetos de construção, reforma e ampliação de Caps e de UA. Brasília: Ministério da Saúde, 2015. Disponível em: https://bvsms. saude.gov.br/bvs/publicacoes/centros_atencao_psicossocial_unidades_acolhi-mento.pdf. Acesso em: 26 jun. 2023.

BRASIL. Ministério do Desenvolvimento Social e Combate à Fome, Secretaria Nacional de Assistência Social. **Perguntas e Respostas**: serviço especializado em abordagem social. Brasília, MDSCF, SNAS, 2013. SuAS e População em Situação de Rua, v. 4. Disponível em: https://www.mds.gov.br/webarquivos/publicacao/ assistencia_social/Cadernos/Perguntas_Servico_AbordagemSocial.pdf. Acesso em: 14 dez. 2022.

BRASIL. **Plano Nacional de Prevenção e Erradicação do Trabalho Infantil e Proteção ao Trabalhador Adolescente**. Brasília, DF: Ministério do Trabalho e Emprego, Secretaria de Inspeção do Trabalho, 2004. Disponível em: https:// www.tst.jus.br/documents/2237892/0/Plano+Nacional+%E2%80%93%20 Preven%C3%A7%C3%A3o+e+Erradica%C3%A7%C3%A3o+do+Trabalho+In-fantil+e+Prote%C3%A7%C3%A3o+ao+Trabalhador+Adolescente+-+2004. Acesso em: 27 abr. 2023.

BRASIL. Resolução n.º 109, de 11 de novembro de 2009. Aprova a Tipificação Nacional de Serviços Socioassistenciais. **Diário Oficial da União**: seção 1, Brasília, DF, ano 146, n. 225, p. 82, 25 nov. 2009. Disponível em: https://www.mds. gov.br/webarquivos/public/resolucao_CNAS_N109_%202009.pdf. Acesso em: 22 fev. 2023.

BUSS, P. Saúde e qualidade de vida. *In*: COSTA, N do R. (org.). **Política de saúde e inovação institucional**: uma agenda para os anos 90. Rio de Janeiro: Secretaria do Desenvolvimento Educacional/ENSP, 1996.

CARVALHO, C. B. de. O combate ao trabalho infantil na voz e na agenda da sociedade e do estado brasileiro. *In*: ARREGUI, C. C.; MOTTI, A. J. A. (org.). **Erradicação do Trabalho Infantil**: dimensionando as experiências de Pernambuco, Mato Grosso do Sul e Bahia São Paulo: Educ, IEE/PUC-SP: Finep, 2000.

CENTRAL DE CONSULTAS. **Implanon:** Como funciona e quais são os benefícios do chip anticoncepcional? 2004. Disponível em: https://centraldeconsultas.med.br/blog/implanon-como-funciona-e-quais-sao-os-beneficios-do-chip-anticoncepcional/. Acesso em: 7 set. 2023.

CHECA, A. *et al*. **Exercícios de leitura Urbana**: Capão Redondo. 2020. Disponível em: https://edisciplinas.usp.br/pluginfile.php/5455928/mod_resource/content/1/Grupo%207.pdf. Acesso em: 5 jul. 2023.

CIDADE Escola Aprendiz. Trabalho Infantil Linha do tempo. **Criança livre de trabalho infantil**, [*S.l., s.d.*]. Disponível em: https://livredetrabalhoinfantil.org.br/trabalho-infantil/historico-do-trabalho-infantil/. Acesso em: 20 set. 2022.

CIDADE Escola Aprendiz. **Trabalho Infantil Linha do tempo**. Criança livre de trabalho infantil, [*S.l., s.d.*]. Disponível em: https://livredetrabalhoinfantil.org.br/trabalho-infantil/historico-do-trabalho-infantil/. Acesso em: 20 set. 2022.

CMDCA *In*: CIDADE Escola Aprendiz. Conteúdos Formativos Glossário. **Criança Livre de trabalho infantil**, [*S.l., s.d.*]. Disponível em: https://livredetrabalhoinfantil.org.br/conteudos-formativos/glossario/cmdca/. Acesso em: 3 set. 2023.

DECLARAÇÃO UNIVERSAL DOS DIREITOS DAS CRIANÇAS – UNICEF. 1959. Disponível em: https://bvsms.saude.gov.br/bvs/publicacoes/declaracao_universal_direitos_crianca.pdf. Acesso em: 27 abr. 2023.

DIAS, G. S. Trabalho infantil nas ruas de SP é endêmico e fica fora das estatísticas. **Criança Livre de Trabalho Infantil**, 23 jul. 2018**.** Disponível em: https://livredetrabalhoinfantil.org.br/noticias/reportagens/especial-trabalho-infantil-nas-ruas-de-sp/. Acesso em: 21 abr. 2023.

FAVERO, E. T.; PINI, F. R. O.; SILVA, M. L. de O. **ECA:** E a proteção integral de crianças e adolescentes. 1. ed. São Paulo: Cortez, 2020.

FERREIRA, H. M.; FEREIRA, F. I.; MELO, B. C. de F. A adultização infantil na contemporaneidade: as escolhas das crianças. **Revista Humanidades e Inovação**, Palmas, v.8, n. 68, 2021. Disponível em: https://revista.unitins.br/index.php/humanidadeseinovacao/article/view/7040. Acesso em: 7 maio 2023.

FÓRUM NACIONAL DE PREVENÇÃO E ERRADICAÇÃO DO TRABALHO INFANTIL. **Marcos históricos**. Disponível em: https://fnpeti.org.br/marcoshistoricos/. Acesso em: 22 set. 2022.

GABLER, L. **Lei do Sexagenários**. Rio de Janeiro: Memória da Administração Pública Brasileira – MAPA, 11 nov. 2016. Disponível em: http://mapa.an.gov.br/index.php/menu-de-categorias-2/280-lei-dos-sexagenarios. Acesso em: 5 jul. 2023.

GABLER, L. **Lei do Ventre Livre**. Rio de Janeiro: Memória da Administração Pública Brasileira - MAPA, 11 set. 2016. Disponível em: http://mapa.an.gov.br/index.php/menu-de-categorias-2/286-lei-do-ventre-livre. Acesso em: 5 jul. 2023.

GEOSAMPA. **Mapa digital da cidade de São Paulo**. Disponível em: https://geosampa.prefeitura.sp.gov.br/PaginasPublicas/_SBC.aspx. Acesso em: 4 set. 2023.

GRACIANI, M. S. S. **Pedagogia social de rua**: análise e sistematização de uma experiência vivida. 3. ed. São Paulo: Cortez, 1999.

HAN, Byung-Chul. **Topologia da violência**. Petrópolis: Vozes, 2017.

IAMAMOTO, M. V. **Trabalho e individuo social**: um estudo sobre a condição operária na agroindústria canavieira paulista. 4. ed. São Paulo: Cortez, 2011.

INSTITUTO BRASILEIRO DE GEOGRAFIA E ESTATÍSTICA. **São Paulo**. Cidades e Estados. Rio de Janeiro, IBGE, c2023. Disponível em: https://www.ibge.gov.br/cidades-e-estados/sp/sao-paulo.html. Acesso em: 23 abr. 2023.

INSTITUTO BRASILEIRO DE GEOGRAFIA ESTATÍSTICA. **Pesquisa nacional por amostra de domicílios contínua**: manual básico da entrevista. Coordenação o de Trabalho e Rendimento. Rio de Janeiro: IBGE, 2016. Disponível em: https://biblioteca.ibge.gov.br/visualizacao/instrumentos_de_coleta/doc5361.pdf. Acesso em: 22 mar. 2023.

JUNQUEIRA, L. A. P. Articulações entre o serviço público e o cidadão. *In*: Congreso Internacional del CLAD sobre la Reforma del Estado y de la Administración Pública, 10, 2005, Santiago, Chile. **Anais** [...]. Disponível em: https://silo.

tips/download/articulaoes-entre-o-servio-publico-e-o-cidadao. Acesso em: 31 maio 2023.

KOGA, Dirce. **Medidas e Cidades:** entre territórios de vida e territórios vividos. São Paulo: Cortez, 2003.

LAR BATISTA DE CRIANÇAS. **História da Instituição**. São Paulo, [*S.l.*, *s.d.*]. Disponível em: https://www.larbatista.com.br/sobre-o-lar/historia-da-instituicao#:~:text=O%20Lar%20Batista%20de%20Crian%C3%A7as,-como%20o%20casal%20Paulo%20C. Acesso em: 27 abr. 2023.

LENINE. Relampiano. **Letras**, 1997. Disponível em: https://www.letras.mus.br/lenine/88972/. Acesso em: 4 set. 2023.

LIA, G. *et al*. **Estudo Físico Urbanístico**: distrito do Capão Redondo. USP, 2020. Disponível em: https://edisciplinas.usp.br/pluginfile.php/5447797/mod_resource/content/1/Grupo%205.pdf. Acesso em: 7 maio 2023.

LOPES, J. J. M. Geografia das crianças, geografias das infâncias: as contribuições da Geografia para os estudos das crianças e suas infâncias. **Revista Contexto & Educação**, Rio de Janeiro, v. 23, n. 79, p. 65-82, 2013. Disponível em: https://www.revistas.unijui.edu.br/index.php/contextoeducacao/article/view/1052. Acesso em: 5 jul. 2023.

LUIZINHO; LIMEIRA. **O menino da Porteira**. 1955 Disponível em: https://cantodampb.com/o-menino-da-porteira-teddy-vieira-e-luizinho/. Acesso em: 18 set. 2023.

MARTINELLI, M. L. **Serviço Social**: identidade e alienação.16. ed. São Paulo: Cortez, 2011. P

MARTINELLI, M.L. **Pesquisa Qualitativa:** um instigante desafio. São Paulo: Veras Editora,1999. Série Núcleo de Estudos e Pesquisas sobre Identidade – NEPI

MARTINS, H. OIT: 152 milhões de crianças foram vítimas de trabalho infantil em 2016. **Agência Brasil**, Brasília, DF, 19 set. 2017. Direitos Humanos. Disponível em: https://agenciabrasil.ebc.com.br/direitos-humanos/noticia/2017-09/oit-152-milhoes-de-criancas-trabalho-infantil-2016. Acesso em: 22 mar. 2023

MARX, K. **O Capital**: crítica da economia política: livro I: o processo de redução do capital. 2 ed. São Paulo: Boitempo, 2017.

MEDEIROS NETO, X. T. de. **Trabalho infantil e pandemia**: diagnóstico e estratégias de combate. EJUD/NETIN- *Et al.*: Tribunal Regional do Trabalho da 21ª Região, 2020.

MELLO, D. Aumenta incidência de trabalho infantil em São Paulo durante pandemia. **Agência Brasil**. São Paulo, 20 ago. 2020. Direitos Humanos. Disponível em: https://agenciabrasil.ebc. com.br/direitos-humanos/noticia/2020-08/ aumenta-incidencia-de-trabalho-infantil-durante-pandemia-em-sao. Acesso em: 20 mar 2023.

MELLO, S. L. de. A Violência urbana e a exclusão dos jovens. *In*: SAWAIA, B. **As artimanhas da exclusão**: análise psicossocial e ética da desigualdade social. 6. ed. Petrópolis: Vozes, 2006.

MINISTÉRIO da Saúde. **Painel Coronavírus**. Disponível em: https://covid.saude. gov.br/. Acesso em: 20 mar. 2023.

MONTANHANA, B. C. (org.). **Manual de perguntas e respostas sobre trabalho infantil e proteção ao adolescente trabalhador.** Brasília, 2023.

MORAES, F. As Margens da Sociedade: desigualdade na periferia do Brasil. **Rabisco da História**, [2023]. Disponível em: https://rabiscodahistoria.com/ as-margens-da-sociedade-desigualdade-na-periferia-do-brasil/. Acesso em: 31 ago. 2023.

MOURA, E. B. B. de. **História das Crianças no Brasil**. 6. ed. São Paulo: Contexto, 2007.

NASCIMENTO, S. do. Reflexões sobre a intersetorialidade entre as políticas públicas. **Serviço Social & Sociedade**, n. 101, p. 95–120, jan. 2010. Disponível em: https://www.scielo.br/j/sssoc/a/TDCqtLhvDvRnRmDXhtTBHZK/?lang=pt. Acesso em: 27 maio 2023.

NETTO, J. P. **Serviço social no Brasil**: história de resistências e de ruptura com o conservadorismo. São Paulo: Cortez, 2016.

OLIVEIRA, E.; ORTIZ, B. Ministério da Saúde confirma primeiro caso de coronavírus no Brasil. **Portal Globo G1**, 26 fev. 2020. Disponível em: https://g1.globo.com/ ciencia-e-saude/noticia/2020/02/26/ministerio-da-saude-fala-sobre-caso-possivel-paciente-com-coronavirus.ghtml?_ga=2.231805279.1595641329.1690474480-611764497.1679333897. Acesso em: 27 jul. 2023.

OLIVEIRA, N. A implementação do SUAS nos municípios. **Portal GESUAS**, Viçosa, 12 mar. 2019. Disponível em: https://blog.gesuas.com.br/implementacao-suas/. Acesso em: 7 ago. 2023.

ORGANIZAÇÃO INTERNACIONAL DO TRABALHO. **2021 Ano Internacional para a Eliminação do Trabalho Infantil**. Brasília, DF, OIT, [*s.d.*]. Disponível em: https://www.ilo.org/brasilia/temas/trabalho-infantil/2021-aieti/lang--pt/index.htm. Acesso em: 27 abr. 2023.

ORGANIZAÇÃO INTERNACIONAL DO TRABALHO. **C182 - Convenção sobre proibição das piores formas de trabalho infantil e ação imediata para sua eliminação**. Brasília, DF, OIT, [*s.d.*]. Disponível em: https://www.ilo.org/brasilia/convencoes/WCMS_236696/lang--pt/index.htm. Acesso em: 7 jul. 2023.

ORGANIZAÇÃO INTERNACIONAL DO TRABALHO. **História da OIT**. Brasília, DF, OIT, [*s.d.*]. Disponível em: https://www.ilo.org/brasilia/conheca-a-oit/hist%C3%B3ria/lang--pt/index.htm. Acesso em: 24 mar. 2023.

ORGANIZAÇÃO INTERNACIONAL DO TRABALHO. **O que é trabalho infantil**. Brasília, DF, OIT Brasília: [*s.d.*]. Disponível em: https://www.ilo.org/brasilia/temas/trabalho-infantil/WCMS_565163/lang--pt/index.htm. Acesso em: 27 mar. 2023.

ORGANIZAÇÃO INTERNACIONAL DO TRABALHO. **Trabalho doméstico**. Brasília, DF, OIT, [s.d.]. Disponível em: Disponível em: https://www.ilo.org/brasilia/temas/trabalho-domestico/lang--pt/index.htm. Acesso em: 24 mar. 2023.

OS 30 ANOS da Convenção sobre os Direitos da Criança. **Nexo Políticas Públicas**, São Paulo, 29 jun. 2020. Disponível em: https://pp.nexojornal.com.br/linha-do-tempo/2020/Os-30-anos-da-Conven%C3%A7%C3%A3o-sobre-os--Direitos-da-Crian%C3%A7a. Acesso em: 27 abr. 2023.

PAIVA, D. Quantidade de famílias em situação de miséria na cidade de São Paulo. **G1 SP**, São Paulo, 24 maio 2022. Disponível em: https://g1.globo.com/sp/sao-paulo/noticia/2022/05/24/quantidade-de-familias-em-situacao-de-miseria-na-cida-de-de-sp-cresce-50percent-em-janeiro-de-2022-na-comparacao-com-2021.ghtml. Acesso em: 10 jul. 2023.

PAZ, R. D. O. da; TABOADA, K. J. Conceitos básicos para intervenções habitacionais. *In*: PAZ, R. D. O. da; TABOADA, K. J. **Trabalho social em programas e projetos de habitação de interesse social**. Ministério das Cidades. Curso a Distância, 2010.

PEREIRA, K. Y. de L.; TEIXEIRA, S. M. Redes e intersetorialidade nas políticas sociais: reflexões sobre sua concepção na política de assistência social. **Textos & Contextos**, Porto Alegre, v. 12, n. 1, p. 114–127, 2013. Disponível em: https://revistaseletronicas.pucrs.br/ojs/index.php/fass/article/view/12990. Acesso em: 18 jun. 2023.

PYL, B. O trabalho infantil no tráfico de drogas e a punição das vítimas. **Rede Peteca**. São Paulo. [2018]. Disponível em: https://livredetrabalhoinfantil.org.br/especiais/trabalho-infantil-sp/reportagens/o-trabalho-infantil-no-trafico--de-drogas-e-a-punicao-das-vitimas/. Acesso em: 10 jun. 2023.

RACIONAIS MC´S. Negro Drama. **Letras**, 2002. Disponível em: https://www.letras.mus.br/racionais-mcs/63398/. Acesso em: 28 fev. 2023.

RAMOS, F. P. **História das Crianças no Brasil**. 6. ed. São Paulo: Contexto, 2007

RAPPIN'HOOD. Suburbano. **Letras**, 2001. Disponível em: https://www.letras mus.br/rappin-hood/166483/. Acesso em: 7 maio 2023.

REDE NOSSA SÃO PAULO. **Mapa das Desigualdades 2021**. Disponível em: https://www.nossasaopaulo.org.br/wp-content/uploads/2021/10/Mapa-Da--Desigualdade-2021_Tabelas.pdf. Acesso em: 19 dez. 2023.

RIBEIRO, B. A grave relação entre trabalho infantil e evasão escolar. **Criança livre de trabalho infantil**. [*S.l.*], 27 jun. 2017. Disponível em: https://livredetrabalhoinfantil.org.br/noticias/reportagens/grave-relacao-entre-trabalho-infantil-e-evasao-escolar/. Acesso em: 20 jun. 2023.

RIBEIRO, D. **Lugar de Fala**. São Paulo: Sueli Carneiro; Pólen, 2019.

RIGI, C. Crianças nas ruas de SP são 1.842 e a maioria está a trabalho, diz Fipe. **Jornal o Estado de São Paulo**, São Paulo, 10 set. 2007. Disponível em: https://www.estadao.com.br/brasil/criancas-nas-ruas-de-sp-sao-1842-e-a-maioria--esta-a-trabalho-diz-fipe/. Acesso em: 21 abr. 2023.

RIZZINI, I. **História das Crianças** no Brasil. 6. ed. São Paulo: Contexto, 2007.

SADA, J. **5 mitos do trabalho infantil**. São Paulo: Fundação Telefônica Vivo, 30 nov. 2016. Disponível em: https://www.fundacaotelefonicavivo.org.br/noticias/5-mitos-do-trabalho-infantil/. Acesso em: 4 set. 2023.

SALATI, P. Brasil resgatou 918 vítimas de trabalho escravo em 2023, recorde para um 1º trimestre em 15 anos. **G1**, São Paulo, 21 mar. 2023. Disponível em: https://

g1.globo.com/trabalho-e-carreira/noticia/2023/03/21/brasil-resgatou-918-vitimas-de-trabalho-escravo-em-2023-recorde-para-um-1o-trimestre-em-15-anos.ghtml. Acesso em: 7 jul. 2023.

SANTOS, E. A. dos. A naturalização do trabalho infantil. **Rev. TST**, Brasília, v. 72, n. 3, set/dez 2006. Disponível em: https://juslaboris.tst.jus.br/bitstream/handle/20.500.12178/3690/005_santos.pdf?sequence=1&isAllowed=y. Acesso em: 21 abr. 2023.

SANTOS, J. B. dos. **O trabalho infantil no Brasil e na Argentina**: um caso de desrespeito à declaração sociolaboral do Mercosul. São Paulo: LTR, 2015.

SANTOS, M. A. C. dos. **História das Crianças no Brasil**. 6 ed. São Paulo: Contexto, 2007.

SÃO PAULO. **Censo de Crianças e Adolescentes em situação de rua revela que mais de 70% deles estão em busca de recursos financeiros para sobreviver.** São Paulo: Smads, 30 jul. 2022. Disponível em: https://www.prefeitura.sp.gov.br/cidade/secretarias/assistencia_social/noticias/?p=332785. Acesso em: 30 ago. 2022.

SÃO PAULO. **Pesquisa.** São Paulo, Smads, 10 jul. 2023. Disponível em: https://www.prefeitura.sp.gov.br/cidade/secretarias/assistencia_social/observatorio_socioassistencial/pesquisas/index.php?p=18626. Acesso em: 30 ago. 2022.

SÃO PAULO. **Serviço de Assistência Social à Família e Proteção Social Básica no Domicílio (Sasf).** São Paulo: Smads, 26 ago. 2022. Disponível em: https://www.prefeitura.sp.gov.br/cidade/secretarias/assistencia_social/rede_socioassistencial/familia/index.php?p=334142. Acesso em: 15 dez. 2022.

SÃO PAULO (Estado). **Decreto n.º 2.141, de 14 de novembro de 1911.** Reorganiza o Serviço Sanitário do Estado. São Paulo: Secretaria de Estado dos Negócios do Interior, 14 nov. 1911. Disponível em: https://www.al.sp.gov.br/repositorio/legislacao/decreto/1911/decreto-2141-14.11.1911.html. Acesso em: 27 abr. 2023.

SÃO PAULO. **Dados demográficos dos distritos pertencentes às Subprefeituras**. Portal da Prefeitura da cidade de São Paulo. São Paulo: PMSP, 1º set. 2023. Disponível em: https://www.prefeitura.sp.gov.br/cidade/secretarias/subprefeituras/subprefeituras/dados_demograficos/index.php?p=12758. Acesso em: 17 set. 2023.

SÃO PAULO. Decreto n.º 47.225 de 25 de abril de 2006. Institui a Comissão Municipal de Erradicação do Trabalho Infantil. **Diário Oficial da Cidade**, São

Paulo, 25 abr. 2006. Disponível em: https://legislacao.prefeitura.sp.gov.br/leis/decreto-47225-de-25-de-abril-de-2006. Acesso em: 7 ago. 2023.

SÃO PAULO. Decreto n.º 61.426, de 10 de junho de 2022. Cria o Programa Cidade Protetora e o Selo Cidade Protetora. **Diário Oficial da Cidade,** São Paulo, 10 jun. 2022. Disponível em: https://legislacao.prefeitura.sp.gov.br/leis/decreto--61426-de-10-de-junho-de-2022. Acesso em: 7 ago. 2023.

SÃO PAULO. Instrução Normativa Smads n.º 2, de 7 de outubro de 2022. Regulamenta o Programa Cidade Protetora e o Selo Cidade Protetora. **Diário Oficial da Cidade**, São Paulo, 8 out. 2022. Disponível em: https://legislacao.prefeitura.sp.gov.br/leis/instrucao-normativa-secretaria-municipal-de-assistencia-e--desenvolvimento-social-smads-2-de-7-de-outubro-de-2022. Acesso em: 7 ago. 2023.

SÃO PAULO. Lei n.º 15.276, de 2 de setembro de 2010. Estabelece diretrizes para a Política Municipal de Prevenção e Combate do Trabalho Infantil em suas Piores Formas, e dá outras providências. **Diário Oficial da Cidade**, São Paulo, 2 set. 2010. Disponível em: https://legislacao.prefeitura.sp.gov.br/leis/lei-15276-de--2-de-setembro-de-2010. Acesso em: 7 ago. 2023.

SÃO PAULO. Lei n.º 17.923, de 10 de abr. de 2023. Institui a Política Municipal de Atenção Integral a Crianças e Adolescentes em Situação de Rua e na Rua, e dá outras providências. **Diário Oficial da Cidade**, São Paulo, 11 abr. 2023. Disponível em: https://legislacao.prefeitura.sp.gov.br/leis/lei-17923-de-10-de-abril-de-2023. Acesso em: 16 abr. 2023.

SÃO PAULO. **Plano Municipal de Erradicação do Trabalho Infantil e Proteção ao Jovem Trabalhador 2016**. São Paulo: Comissão Municipal de Prevenção e Erradicação do Trabalho Infantil de São Paulo.

SÃO PAULO. Portaria n.º 1470/2002. Institui o Sistema de Vigilância de Acidentes do Trabalho - Sivat - no Município de São Paulo e regulamenta seu fluxo de informações. **Diário Oficial da Cidade**, São Paulo, 30 abr. 2002. Disponível em: http://legislacao.prefeitura.sp.gov.br/leis/portaria-secretaria-municipal-da-saude-1470-de-30-de-abril-de-2002/detalhe. Acesso em: 7 ago. 2023.

SÃO PAULO. Portaria Secretaria Municipal de Assistência e Desenvolvimento Social - Smads n.º 46, de 22 de dezembro de 2010. Dispõe sobre a tipificação da Rede Socioassistencial do município de São Paulo e a regulação de parceria operada por meio de convênios. **Diário Oficial da Cidade**, São Paulo, 15 fev. 2011.

Disponível em: https://www.prefeitura.sp.gov.br/cidade/secretarias/upload/assistencia_social/arquivos/portarias/portaria_46-2010.pdf. Acesso em: 15 jun. 2023.

SÃO PAULO. Secretaria Municipal da Saúde. **Centros de Atenção Psicossocial (Caps)**. São Paulo: PMSP, 22 nov. 2021. Disponível em: https://www.prefeitura.sp.gov.br/cidade/secretarias/saude/atencao_basica/index.php?p=204204. Acesso em: 5 jul. 2023.

SÃO PAULO. Secretaria Municipal de Assistência e Desenvolvimento Social. **Censo de crianças e adolescentes em situação de rua na cidade de São Paulo**: relatório final da segunda etapa. São Paulo: Fipe, 2007. Disponível em: https://document.onl/documents/censo-e-contagem-de-crianas-e-assistncia-e-desenvolvimento-social-a-smads.html?page=1. Acesso em: 21 out. 2022.

SÃO PAULO. Secretaria Municipal de Assistência e Desenvolvimento Social. **Programa de Erradicação do Trabalho Infantil – PETI**. São Paulo: Smads, 2023. Disponível em: https://www.prefeitura.sp.gov.br/cidade/secretarias/assistencia_social/protecao_social_basica/peti/index.php?p=2006. Acesso em: 28 ago. 2023.

SÃO PAULO. Secretaria Municipal de Assistência e Desenvolvimento Social. **Rede Socioassistencial**. São Paulo, Smads, 8 ago. 2023. Disponível em: https://www.prefeitura.sp.gov.br/cidade/secretarias/assistencia_social/rede_socioassistencial/index.php?p=3200. Acesso em: 24 ago. 2023.

SÃO PAULO. Secretaria Municipal de Assistência e Desenvolvimento Social. **Relação de Convênios e Parcerias de 2023**. São Paulo: Smads, 6 set. 2023. Disponível em: https://www.prefeitura.sp.gov.br/cidade/secretarias/assistencia_social/entidades_sociais/index.php?p=342498. Acesso em: 9 set. 2023.

SÃO PAULO. SMADS n.º 44 de 21 de outubro de 2009. Estabelece diretrizes para o funcionamento dos CRAS - Centros de Referência de Assistência Social. **Diário Oficial da Cidade**, São Paulo, 22 out. 2009. Disponível em: https://legislacao.prefeitura.sp.gov.br/leis/portaria-secretaria-municipal-de-assistencia-e-desenvolvimento-social-smads-44-de-21-de-outubro-de-2009. Acesso em: 15 jun. 2023.

SÃO PAULO. Subprefeitura Campo Limpo. **Histórico do Campo Limpo**. São Paulo: PMSP, 27 maio 2023. Disponível em: https://www.prefeitura.sp.gov.br/cidade/secretarias/subprefeituras/campo_limpo/historico/index.php?p=131. Acesso em: 27 maio de 2023. IBGE – Disponível em: https://cidades.ibge.gov.br/brasil/sp/sao-paulo/panorama. Acesso em: 23 abr. 2023.

SILVEIRA, Ê. *et al.* **Encontro com a Civilização Brasileira,** 17. Rio de Janeiro: Civilização Brasileira, Sindicato Nacional dos Editores de Livros, 1979.

SOUZA, E. T.; PARRÃO, J. A. O. A naturalização e reprodução do trabalho infantil doméstico terceirizado pela ralé brasileira. **Encontro de iniciação científica,** v. 13, n. 13, Presidente Prudente, Toledo, 2017. Disponível em: http://intertemas. toledoprudente.edu.br/index.php/ETIC/article/view/6153/5855. Acesso em: 20 jun. 2023.

SPOSATI, A. *et al.* **A assistência na trajetória das políticas sociais brasileiras:** uma questão em análise. 8. ed. São Paulo: Cortez, 2003.

SPOSATI, A. (org.). **SUAS e proteção social na pandemia – COVID-19 – nota técnica do NEPSAS**. São Carlos: Pedro & João Editores, 2020.

STOECKLIN, D. **Vida nas ruas**: crianças e adolescentes nas ruas: trajetórias inevitáveis? Rio de Janeiro: PUC-Rio; São Paulo: Loyola, 2003.

TELLES, V. A pobreza como condição de vida: família, trabalho e direito entre as classes trabalhadoras urbanas. **São Paulo em perspectiva**, v. 4, n.2, 1990. p.37-45

TORRES, E. de C.; NOVAES, J. G. A concepção e a manutenção da pobreza para o neoliberalismo até os nossos tempos. *In:* Congresso Brasileiro de Assistentes Sociais, 16, 2019, Brasília, DF. **Anais** [...]. Brasília, 2019. Disponível em: https:// broseguini.bonino.com.br/ojs/index.php/CBAS/article/view/381/375. Acesso em: 20 jun. 2023.

TRABALHO INFANTIL: causas, consequências, no Brasil e mais! **Stoodi**, 2021 Disponível em: https://blog.stoodi.com.br/blog/atualidades/trabalho-infantil/ Acesso em: 20 jun. 2023.

UNICEF. Fundo das Nações Unidas para a Infância. **Cenário da Exclusão Escolar no Brasil**: um alerta sobre os impactos da pandemia da Covid-19 na educação 2021. Disponível em: https://www.unicef.org/brazil/media/14026/file/cenario- -da-exclusao-escolar-no-brasil.pdf. Acesso em: 29 jul. 2023.

UNICEF. Fundo das Nações Unidas para a Infância. **Trabalho infantil aumenta pela primeira vez em duas décadas e atinge um total de 160 milhões de crianças e adolescentes no mundo**. 2021. Disponível em: https://www.unicef. org/brazil/comunicados-de-imprensa/trabalho-infantil-aumenta-pela-primei- ra-vez-em-duas-decadas-e-atinge-um-total-de-160-milhoes-de-criancas-e-a- dolescentes-no-mundo. Acesso em: 20 set. 2023.

VELOSO, C. Podres Poderes. **Letras**, 1984. Disponível em: https://www.letras. mus.br/caetano-veloso/44764/. Acesso em: 28 fev. 2023.

VERÁS, M. P. B. Exclusão Social - um problema brasileiro de 500 anos (notas preliminares). *In*: SAWAIA, B. **As artimanhas da exclusão**: análise psicossocial e ética da desigualdade social. 6. ed. Petrópolis: Vozes, 2006.

VIEIRA, R. **Censo de Crianças e Adolescentes em situação de rua revela que mais de 70% deles estão em busca de recursos financeiros para sobreviver**. São Paulo: Prefeitura de São Paulo, 30 jul 2022. Disponível em: https://www. prefeitura.sp.gov.br/cidade/secretarias/assistencia_social/noticias/?p=332785. Acesso em: 27 abr. 2023.

WANDERLEY, M. B. Refletindo sobre a noção de exclusão. *In*: SAWAIA, B. **As artimanhas da exclusão**: análise psicossocial e ética da desigualdade social. 6. ed. Petrópolis: Vozes, 2006.

WESTIN, R. Crianças iam para a cadeia no Brasil até a década de 1920. **Agência Senado**. Brasília, DF, 7 jul. 2015. Disponível em: https://www12.senado.leg.br/ noticias/materias/2015/07/07/criancas-iam-para-a-cadeia-no-brasil-ate-a-de-cada-de-1920. Acesso em: 24 jul. 2023.